südwest

Bert Feustel

Iris Komarek

NLP-Trainingsprogramm

Coachen Sie sich selbst:
→ bessere Kommunikation
→ effektives Selbstmanagement
→ optimale Persönlichkeitsentwicklung

Mit 50 Übungen

Herzlichen Glückwunsch – wenn Sie dieses Buch in der Hand halten und diese Zeilen lesen, dann haben Sie bereits den ersten wichtigen Schritt zu größerer Zufriedenheit, zu mehr Erfolg, zu verbesserter Kommunikation und zur persönlichen Veränderung getan.Was auch immer Sie sich vorgenommen haben, z.B. Ziele leichter zu erreichen, mehr Motivation im Job zu haben, einen besseren Umgang mit Kollegen oder Bekannten zu pflegen oder bewusster mit den geistigen Ressourcen, die jeder von uns in sich hat, umzugehen, NLP bietet Ihnen eine Vielzahl von Möglichkeiten, Techniken und Methoden, die Sie sofort umsetzen und anwenden können.

In jedes Thema werden Sie kompetent, fundiert und zugleich kurzweilig und leicht verständlich eingeführt und so einen tiefen Einblick in NLP bekommen. Viele Beispiele demonstrieren lebendig die Umsetzungen in den beruflichen und privaten Alltag. In diesem Buch finden Sie eine Vielzahl von Übungen, die Sie Schritt für Schritt kompetent im Umgang mit NLP werden lassen.

Unser Tipp: Machen Sie alle Übungen in der Reihenfolge wie sie im Buch stehen – und Sie werden erstaunt sein, wie schnell und leicht Sie Veränderungen bewirken können!

Bert Feustel, Iris Komarek

Ich beschäftige mich mit NLP seit seinen Anfängen in den 1970er Jahren und kenne eine Vielzahl von Büchern, die NLP-Grundlagen vermitteln wollen. Das Buch „NLP-Trainingsprogramm“ hat mich positiv überrascht, weil es dem Autorenteam Iris Komarek und Bert Feustel gelungen ist, komplexe Sachverhalte und Zusammenhänge der Methode leicht verständlich und kurzweilig darzustellen und zugleich die Kompetenz und Fundiertheit zu bewahren.

Aufbau und Gestaltung sind „gehirnfreundlich“ strukturiert und spiegeln wider, was inhaltlich gelehrt wird – und davon profitieren die Leser, die NLP nicht nur kennen lernen, sondern auch im Alltag anwenden möchten. Nicht zuletzt die vielen aufeinander aufbauenden Übungen wurden mit großem Sachverstand entwickelt, so dass jeder, der das Buch liest und die Aufgaben durchführt, ein tiefes Verständnis für modernes NLP entwickelt. Selbst NLP-Trainer oder NLP-Kenner werden in diesem Buch viele neue Aspekte und Anwendungsmöglichkeiten entdecken.

Ich kann dieses Buch – egal ob Anfängern, Fortgeschrittenen oder Trainern – nur wärmstens empfehlen, denn es leistet einen wichtigen Beitrag für die Verbreitung des NLP als faszinierendes und wirksames Kommunikations- und Veränderungsmodell.

Dr. Wyatt Woodsmal (erster Master-Trainer des NLP)

1 Einführung in NLP

Mit dem Kommunikationsmodell aus Erkenntnissen der Gehirnforschung (Neuro), der Sprachwissenschaft (Linguistik) und der Kognitions- bzw. Verhaltenswissenschaften (Programmieren) lassen sich in Beruf und Privatleben verblüffende Wirkungen erzielen. Hier lernen Sie die Grundlagen des NLP kennen. S. 6 – 25

2 Wertvolle Ziele leicht erreichen

Entsprechen Ziele den eigenen Werten, werden sie leichter erreicht. Werte sagen auch viel über das Modell der Welt des anderen aus. Wer sie versteht, kann sich besser auf andere einstellen. Ziel dieses Kapitels ist es, sich über eigene Werte klar zu werden und die der anderen in der Kommunikation zu berücksichtigen. S. 26 – 39

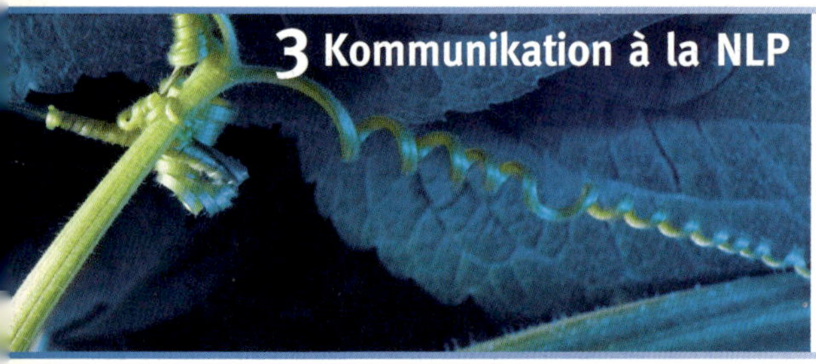

3 Kommunikation à la NLP

Der Sender trägt die Verantwortung für eine gelungene Kommunikation. Durch genaues Beobachten der Reaktion des Empfängers oder durch Nachfragen kann er überprüfen, ob die Botschaft wie geplant angekommen ist. Gute Kommunikation lässt sich mit konkreten Beispielen erlernen und überprüfen. S. 40 – 57

4 Die gute Beziehung macht's aus

Ein wichtiges Ziel beim Kommunizieren ist es, schnell „Rapport“ herzustellen, eine Atmosphäre des Vertrauens zu schaffen. Im NLP gibt es eine Reihe von Techniken, auf differenzierte Weise Rapport zum anderen herzustellen. Grundlage hierfür sind scharfe Beobachtung und ein hohes Maß an Einfühlungsvermögen. S. 58 – 71

5 Jeder Mensch ist anders: die Wahrnehmungstypen

Wir achten auf unterschiedliche Dinge in unserer Umgebung und verarbeiten diese innerlich in bevorzugten Repräsentationssystemen. Jeder hat andere Vorlieben – es gibt visuelle, auditive oder kinästhetische Typen. Wer diese kennt, kann die verschiedenen Sinnesbereiche gezielt nutzen und besser kommunizieren. S. 72 – 87

Gute Kommunikatoren arbeiten bewusst mit den Stärken und Schwächen der Sprache. Sie fragen bei Ungenauigkeiten ihres Gegenübers gezielt nach, um Missverständnisse zu vermeiden und wertvolle Informationen zu sammeln. Das ständige Überprüfen des Informa-tionsflusses ist eine Grundtechnik im NLP. S. 88 – 107

Die Art, wie wir Ereignisse, Umstände oder das Verhalten anderer interpretieren, spiegelt sich auch in der Verwendung von und im Umgang mit Sprache. Durch bestimmte Sprachmuster lassen sich Ziele schneller erreichen. Wer solche Sprachmuster trainiert, wird sie auch ganz intuitiv einsetzen können. S. 108 – 121

Um mit negativem Stress, Druck und hohen Anforderungen gut klarzukommen oder unangenehmen Situationen gewachsen zu sein, hilft z.B. eine der bekanntesten Techniken im NLP, das Ankern. So kann man sich selbst in eine positive Grundstimmung versetzen und ebenso einen Gesprächspartner. S. 122 – 145

Um etwas zu erreichen, muss man an seine Ziele glauben. Hierbei helfen Beliefs, Verallgemeinerungen, die wir über die Welt, über uns selbst oder andere Personen machen. Beliefs können fördernd, aber auch einschränkend sein. Im NLP wird mit positiv ausgerichteten Beliefs gearbeitet um Ziele zu erreichen. S. 146 – 157

Hier werden fortgeschrittene NLP-Methoden vorgestellt, mit denen man sich zu mehr Zufriedenheit und Erfolg coachen kann. Eine Möglichkeit ist die Arbeit mit Submodalitäten, die sich damit befassen, wie wir intern repräsentieren. Man kann Submodalitäten und so die innere Stimme zu eigenen Gunsten verändern ... S. 158 – 173

1 Einführung in NLP

Die Abkürzung NLP steht für Neuro-Linguistisches Programmieren. NLP hat aus den Erkenntnissen der Gehirnforschung (Neuro), der Sprachwissenschaft (Linguistik) und der Kognitions- bzw. Verhaltenswissenschaften (Programmieren) ein komplexes, psychologisches Kommunikationsmodell entwickelt. Das Modell beinhaltet eine Vielzahl von effektiven, für jeden leicht erlernbaren und schnell umsetzbaren Techniken, die sowohl im beruflichen Kontext als auch im privaten Alltag, verblüffende Wirkung erzielen.

Einführung in NLP

Ziel dieses Kapitels: das NLP Modell und seine Philosophie verstehen
Entstehung, Geschichte, Anwendungsmöglichkeiten, NLP Grundprinzipien, Axiome

Worum es bei NLP geht

In diesem Buch beschäftigen wir uns damit, wie wir unsere Kommunikation mit anderen Menschen – z.B. Arbeitskollegen, Vorgesetzten, Kunden, mit der Familie und Freunden und sogar mit uns selbst – verbessern können. Wir beschäftigen uns auch damit, wie wir unser Handeln zielgerichteter und erfolgreicher gestalten können.
Eine sehr gute Möglichkeit oder „Anleitung", wie wir besser kommunizieren und handeln können, bietet uns NLP, das eine Vielzahl von wirksamen Kommunikations- und Veränderungstechniken zusammengefasst hat und sich in vielfältigen Bereichen ständig weiterentwickelt.

Was heißt eigentlich „NLP"?

Die Abkürzung NLP steht für Neuro-Linguistisches Programmieren und dieser etwas komplizierte und für manche ein wenig technisch anmutende Name drückt sehr gut aus, womit sich NLP beschäftigt.
NLP hat aus den Erkenntnissen der Gehirnforschung (Neuro), der Sprachwissenschaft (Linguistik) und der Kognitions- bzw. Verhaltenswissenschaften (Programmieren) ein komplexes, psychologisches Kommunikationsmodell entwickelt. Das Modell beinhaltet eine Vielzahl von effektiven, für jeden leicht erlernbaren und schnell umsetzbaren Techniken, die sowohl im beruflichen Kontext als auch im privaten Alltag, verblüffende Wirkung erzielen.
Der neurologische Aspekt im NLP bedeutet, dass NLP sich mit dem Nervensystem und den Funktionsweisen des Gehirns beschäftigt. Erkenntnisse aus der Gehirnforschung werden hier permanent integriert.
Ein ebenfalls sehr wichtiger Bereich im NLP ist die Sprache, die unsere Denkstrukturen widerspiegelt. Wir benutzen Sprache zum Denken, um Ordnung und Strukturen zu schaffen, Konzepte zu bilden, zum Abstrahieren und um unser Verhalten zu koordinieren. Mit Sprache kommunizieren wir nicht nur mit anderen, sondern auch mit uns selbst [innere Stimme].
Mit Programmieren meinen wir im NLP das geplante, bewusste, zielgerichtete Handeln, im Sinne des englischen „program your weekend" (gestalte dein Wochenende!). Im NLP gehen wir davon aus, dass Handeln nicht automatisch oder vorbestimmt abläuft, sondern dass es gestaltbar und somit auch veränderbar ist! Oder denken Sie an ein Theater- oder Kongressprogramm: Es gibt eine klare Struktur und die hilft beim planen und entscheiden der anstehenden Aufgaben.
Erfolgreiche und gezielte Verhaltensveränderung ist dann besonders leicht, wenn man verschiedene und steuerbare Möglichkeiten kennen gelernt hat und weiß, wie man Erfahrungen und Wahrnehmungen günstig strukturieren und abspeichern kann.

Das ist NLP

- NLP ist ein Kommunikationsmodell
- NLP ist ein Werkzeugkasten für zwischenmenschliche Kommunikation
- NLP ist eine Sammlung mentaler Techniken
- NLP ist ein Trainingsprogramm für Selbstmanagement
- NLP trainiert soziale Kompetenzen
- NLP beschäftigt sich mit den Prozessen subjektiven Erlebens
- NLP decodiert erfolgreiches Verhalten
- NLP ist das Schweizer Taschenmesser der Kommunikation
- NLP ist eine Gebrauchsanweisung fürs Gehirn

Wie alles begann

Die wesentlichen Grundprinzipien, Techniken und die Namensgebung wurden in den 1970er Jahren an der Universität von Santa Cruz in Kalifornien, USA, entwickelt und definiert.
Gründungsväter des NLP sind John Grinder und Richard Bandler. Grinder war zu dieser Zeit Linguistikprofessor an der University of California in Santa Cruz und Bandler Student der Psychologie. Bandler war äußerst interessiert an den damals ganz neu entwickelten psychotherapeutischen Methoden, wie z.B. die von Fritz Perls gegründete Gestalttherapie. Bandler editierte ein Buch über die Arbeitsweise Perls und las Skripte von therapeutischen Sitzungen, besuchte Therapie-Workshops und veranstaltete dann selbst welche – mit Erfolg! Er hatte großen Zulauf und er merkte, dass er sehr effektiv arbeitete, ohne so recht zu wissen, woran genau das eigentlich lag. Das führte zur Zusammenarbeit mit John Grinder, der sich anbot, die von Bandler bei seiner therapeutischen Arbeit verwendeten Sprachmuster zu beobachten und zu analysieren.
Diese Vorgehensweise wurde zum eingangs angesprochenen Grundprinzip, das sich durch die Entstehungsgeschichte des NLP, aber auch durch das gesamte Modell bis heute zieht:
1. die Beobachtung und Analyse von erfolgreichem Verhalten,
2. dem Herausfinden der entscheidenden Faktoren, warum und wie etwas funktioniert,
3. um es im nächsten Schritt anderen beizubringen.
Im NLP nennen wir ein solches Vorgehen Modelling.

Bandler und Grinder beobachten therapeutische Meister bei der Arbeit

Von 1972 an beobachteten Bandler und Grinder gemeinsam therapeutische Meisterleistungen, um herauszufinden, was genau diese Therapeuten derartig erfolgreich machte. „Erfolgreich" bedeutete, dass sich schnell, offensichtlich und nachhaltig positive Veränderungen bei den Klienten nachweisen ließen – und das selbst bei Problemen, die schon seit vielen Jahren existierten!
Bei der Arbeit anderer Therapeuten der gleichen Disziplin ließen sich keine, geringe oder nur langsame Veränderungen beobachten. Irgendetwas jenseits der inhaltlichen Ausrichtung mussten diese Therapeuten also anders und besser machen! Aber was?

4 Jahre lang untersuchten Grinder und Bandler akribisch hunderte von Therapiesitzungs-Skripte und Videoaufnahmen von drei therapeutischen Meistern jener Zeit:
Fritz Perls, dem innovativen Begründer der Gestalttherapie, Virginia Satir, einer äußerst erfolgreichen Familientherapeutin und zuletzt Milton H. Erickson, dem legendären Hypnotherapeuten aus Phönix in Arizona.
Die beiden begleiteten Virginia Satir sogar ein halbes Jahr lang bei ihren Workshops und Seminaren quer durch die USA, um das Geheimnis ihres Erfolges herauszufinden. Denn eines war bemerkenswert: Keiner der drei konnte erklären, was genau sie so erfolgreich machte – das mussten Bandler und Grinder erst entschlüsseln.

Richard Bandler, einer der Begründer des NLP.

Ziel von Bandler und Grinder war es, herauszufinden, auf welchen Strukturen die psychotherapeutischen Erfolge basierten. Beeinflusst von dem damals ebenfalls in Santa Cruz in Kalifornien lebenden britischen Anthropologen Gregory Bateson, der sich mit Forschungen zu Kommunikation, Psychologie und Systemtheorie befasste, und dem Kommunikationswissenschaftler Paul Watzlawick, lenkten die beiden ihre Aufmerksamkeit ganz besonders auf die Kommunikationsmuster der drei Therapeuten – und entdeckten dabei Erstaunliches!

Die Erkenntnisse verdichten sich zu „NLP“

Im Jahre 1976 trugen Bandler und Grinder ihre gesammelten Erkenntnisse und Entdeckungen zusammen und entwickelten daraus das Modell, das sie nach langem Überlegen „NLP“ nannten. In Seminaren und Workshops lehrten sie NLP in ganz Amerika und später dann auch in Europa.
Seit dieser Gründungszeit Mitte der 1970er Jahre wurde das Modell durch neue Forschungen und Impulse verschiedener NLP-Anwender und -Denker kontinuierlich weiterentwickelt. Heute ist NLP überall in den USA und in Europa fest etabliert (die östliche Welt entdeckt NLP gerade) und wird mittlerweile in ganz unterschiedlichen Kontexten jenseits der Psychotherapie eingesetzt.

NLP wurde „alltagstauglich“

NLP hat sich heute längst von seinen Ursprüngen im rein psychotherapeutischen Kontext emanzipiert und Einzug in ganz viele verschiedene Bereiche gehalten. Diese Ausweitung wurde selbstverständlich, als man einsah, dass die Fähigkeiten eines guten Psychotherapeuten dieselben sind, die ein guter Lehrer, eine gute Geschäftsfrau, ein guter Vater oder eine gute Führungskraft besitzen sollte.

Soziale Kompetenz

Dieser Begriff bedeutet vor allem: sich auf andere gut einstellen. Folgende Eigenschaften bzw. Fähigkeiten sind dazu wichtig:

- Zielorientiert Handeln
- Gut beobachten
- Gut zuhören
- Gute Fragen stellen
- Präzise Informationen sammeln
- Einen guten Draht zu anderen herstellen
- Andere Menschen fesseln und begeistern
- Mit Konflikten konstruktiv umgehen
- Sich und andere gut motivieren
- Effektiv kommunizieren
- Sich gut in andere hineinversetzen
- Gut verhandeln
- Eigene Botschaften gut rüberbringen
- Verhaltensveränderungen bewirken

Wo kann man NLP einsetzen?

All die oben genannten Eigenschaften zusammengenommen werden auch soziale Kompetenz oder emotionale Intelligenz (EQ) genannt. Im Gegensatz zum IQ (dem Intelligenzquotienten) kann der EQ gesteigert werden – und NLP ist eine wunderbare Methode dafür! Die folgende Liste macht deutlich, wie vielfältig NLP heute eingesetzt werden kann.

Im Business

Berufstätige lernen, wie sie sehr schnell gute Kundenbeziehungen herstellen, wie sie besser mit Mitarbeitern und Kollegen klarkommen, wie sie effizienter arbeiten, wie sie gut präsentieren, verhandeln und mit Konflikten umgehen können usw.

Im Gesundheitswesen

Mediziner und andere im Gesundheitswesen tätige Menschen lernen, wie sie sehr schnell die so wichtige vertrauensvolle Beziehung zum Patienten herstellen. Auch die Patienten lernen, wie man selbst etwas für seine Gesundheit tun und sie erhalten kann, wie man Stress abbaut und wie die Selbstheilungskräfte des Körpers aktiviert werden.

In der Pädagogik und Kindererziehung

Lehrer lernen, wie sie sich besser auf ihre Schüler einstellen können, wie sie leichter mit den ganz unterschiedlichen Persönlichkeiten umgehen, wie sie den Lehrstoff gehirngerecht und spannend vermitteln, wie sie mit „schwierigen“ Kindern und Lernproblemen umgehen und wie sie eine Unterrichtsstunde sinnvoll aufbauen. Eltern erhalten eine Vielzahl von Tipps und Möglichkeiten, besser mit ihren Kindern klarzukommen und ihnen beim Lernen hilfreich zur Seite zu stehen.

In der eigenen Persönlichkeitsentwicklung

Die meisten Menschen verspüren irgendwann in ihrem Leben den Wunsch, sich beruflich oder privat weiterzuentwickeln.

Das kann bedeuten, unerwünschte Einschränkungen wie Ängste, schlechte Gewohnheiten oder ungünstige Überzeugungen zu überwinden und sich zu verändern. Oder besser mit persönlichen Problemen und schwierigen Situationen umgehen zu können und besser und leichter selbst gesteckte Ziele zu erreichen. NLP bietet hierfür konkrete Techniken und Tipps an.

Mentales Training ist im Leistungssport oft der entscheidende Faktor.

Im Sport

Nicht nur im Leistungssport, sondern auch im Freizeitsport hat sich NLP als ein wirksames Modell zur Motivation, zur Zielerreichung und zur Leistungssteigerung bewährt.

Es gibt nichts Gutes – außer man tut es

Wie Sie sehen, kann NLP in sehr vielen Bereichen des Lebens eingesetzt und angewendet werden. An dieser Stelle möchten wir Sie dazu ermuntern, das NLP-Trainingsprogramm aktiv mitzumachen. NLP ist wie Tanzen: Man lernt es nicht durch Lesen oder theoretische Vermittlung, **NLP muss man tun**, man muss die Techniken und Übungen selbstständig im eigenen Alltag anwenden!

Mit den vielen Übungen in diesem Buch laden wir Sie ein, NLP und sein Potenzial sofort selbst zu erleben – machen Sie von Anfang an mit, und Sie werden erstaunt sein, wie viel Sie bewirken können!

Neues lernen und ungünstige Gewohnheiten ablegen

Als Sie sich entschlossen haben, sich mit NLP zu beschäftigen, war das der Beginn eines Lernprozesses, bei dem Sie Schritt für Schritt Ihre Kompetenzen entwickeln und erweitern. Ziel jedes Lern- oder Veränderungsprozesses ist es, die neu erworbenen Fähigkeiten unbewusst kompetent anzuwenden.

Damit streifen wir zwei sehr zentrale Begriffe im NLP: das Bewusste und das Unbewusste. Im NLP verstehen wir unter „bewusst“ das, worauf wir unsere augenblickliche Aufmerksamkeit lenken. Zum Beispiel ist Ihre Aufmerksamkeit gerade auf das Lesen dieses Satzes gerichtet. Unbewusst ist alles, worauf Sie Ihre augenblickliche Aufmerksamkeit nicht

Übung: NLP selbst anwenden

Überlegen Sie sich mindestens drei Situationen oder Themen, wo Sie NLP in Zukunft einsetzen möchten. Gibt es Bereiche, in denen Sie sich weiterentwickeln wollen? Gibt es Menschen mit denen Sie besser klarkommen möchten? Gibt es bestimmte Ziele, die Sie erreichen wollen? Schreiben Sie diese drei Anwendungsgebiete hier nieder:

1. ______________________________

2. ______________________________

3. ______________________________

lenken. Bewusstes und Unbewusstes spielen auch beim Lernprozess eine wichtige Rolle.

Die erste Lernphase

Die erste Phase des Lernens ist die der **unbewussten Inkompetenz**. Nicht nur weiß man hier nicht, wie etwas geht, sondern man weiß auch nicht, dass man es nicht weiß („Ich weiß nicht, dass ich nicht kann"). Es ist eine Phase, in der kein Lernimpuls vorhanden ist und wer dauerhaft in dieser Phase verharrt, wird sich niemals weiterentwickeln.

Die zweite Lernphase

Der erste Schritt des Lernens ist dann getan, wenn Sie sich in der zweiten Phase der Kompetenzentwicklung befinden: die der **bewussten Inkompetenz**. Da Sie sich entschlossen haben, sich mit NLP zu beschäftigen, befinden Sie sich vermutlich momentan bezüglich Selbstmanagement- oder Kommunikationsfähigkeiten in diesem Lernstadium. Sie haben festgestellt, dass Sie in irgendeinem Kontext spezifische Kompetenzen aus- oder aufbauen wollen, um Ihre Ziele zu erreichen.

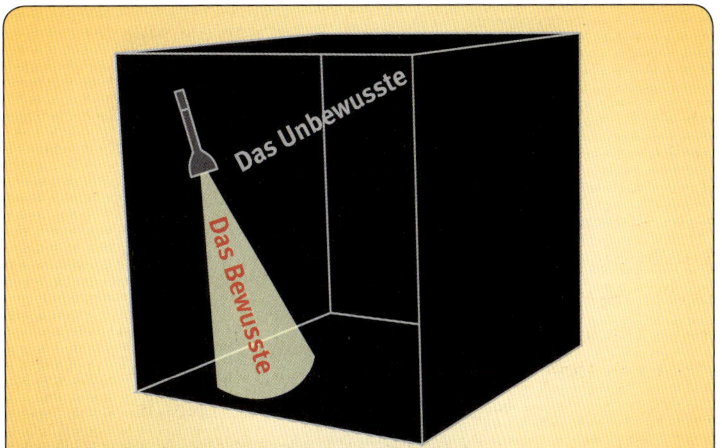

Das Bewusste und das Unbewusste spielen zentrale Rollen bei jeder persönlichen Veränderung.

Manche Menschen verharren in diesem Zustand, in dem ihnen bewusst geworden ist, dass sie etwas nicht gut können, meist in Verbindung mit einem Glaubenssatz, wie z.B. „Das werde ich nie lernen!“. Zum Kompetenzaufbau ist es aber notwendig, den Schritt in die nächste Lernphase zu machen.

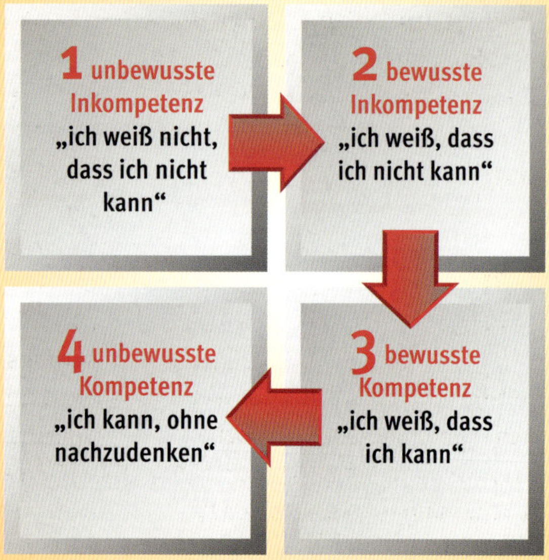

Lernprozesse verlaufen in vier „Bewusstseins“-Schritten.

Die dritte Lernphase

In der dritten Phase des Lernprozesses bauen Sie **bewusst** Schritt für Schritt **Kompetenz** auf. Zunächst werden Sie in kleinen Einheiten sicher und kompetent, Sie lernen mit voller Konzentration und Aufmerksamkeit das Richtige zu tun. Sie studieren Handlungsabläufe ein und eignen sich Wissen an.

Schritt für Schritt Kompetenz aufbauen

Genau so ist es bei dem Aufbau von NLP-Kompetenzen: Sie bekommen Schritt für Schritt kleine Einheiten von Techniken vermittelt, die Sie anfangs noch konzentriert Punkt für Punkt in der vorgeschlagenen Reihenfolge durchführen. Je öfter Sie das machen, desto schneller entwickeln Sie Routine und können Ihre Aufmerksamkeit dann bald auf eine neue Technik richten usw.

Die vierte Lernphase

Durch Wiederholung und häufiges bewusstes Üben erzeugen Sie Gewohnheit, d.h. Sie denken nun nicht mehr bei jedem Schritt konzentriert und aufmerksam nach, wie etwas zu machen ist, sondern Sie machen es einfach, ohne groß darüber nachzudenken. Sobald Sie diese Gewohnheit, die Routine, erreicht haben, sind Sie in der letzten Phase des Lernprozesses und haben erfolgreich Kompetenz und Sicherheit aufgebaut: Sie sind nun **unbewusst kompetent**.

Jetzt haben Sie die Möglichkeit, Ihre bisherige Kompetenz noch weiter auszubauen und neue Methoden und Techniken hinzuzulernen. All diese vielen kleinen Gewohnheiten und Muster verbinden sich zu einer harmonischen und fließenden Verhaltenseinheit. Sie wenden NLP in verschiedenen Kontexten elegant und ohne groß darüber nachzudenken an und merken Ihre Kompetenzen nur am Ergebnis, z.B. daran, dass Sie plötzlich mit dem Arbeitskollegen gut auskommen, mit dem Sie bisher immer im Streit lagen.

Ungünstige Routinen abbauen

Gewohnheiten, Muster oder Routinen sind sehr nützlich – und hinderlich zugleich.
Nützlich, weil wir dadurch schnell, ohne viel nachzudenken, handeln und unbewusst kompetent agieren können.
Hinderlich ist es aber dann, wenn diese Routinen nicht durch optimales Verhalten geprägt sind oder in der momentanen Situation gany einfach unpassend sind. Vielleicht gibt es noch bessere Möglichkeiten, um mit einem bestimmten Kollegen in einem bestimmten Konflikt umzugehen. Sie handeln aber gewohnheitsmäßig, weil es einigermaßen funktioniert. Routinen oder Gewohnheiten haben die unschöne Eigenschaft, dass man sie nur sehr ungern ablegt, eben weil es so bequem und praktisch ist.

Um Gewohnheiten und Routinen aufzulösen ist es notwendig, den Lernprozess wieder rückwärts zu gehen, nämlich sich erst einmal bewusst zu machen, wie wir etwas genau machen. Wie reagieren wir normalerweise in einem Konflikt mit dem Arbeitskollegen? Was sagen wir, was denken wir und wie handeln wir?
Dann gehen wir noch einen Schritt zurück und machen uns bewusst, an welcher Stelle wir nicht optimal handeln und wo es Verbesserungsmöglichkeiten gibt. Als Konsequenz erlernen wir neue Verhaltensweisen und befinden uns so wieder auf der Stufe der bewussten Inkompetenz.
Dies ist eine Phase, die viele von uns als nicht angenehm und unbequem empfinden – was dazu führt, das neue Verhalten dann wieder abzubrechen.
Führen Sie sich während des Anwendens und Lernens von NLP immer wieder dieses Lernmodell vor Augen und machen Sie eine Bestandsaufnahme: Wo befinden Sie sich gerade? Wie viele Methoden und Techniken machen Sie noch bewusst und welche machen Sie schon automatisch?

Und natürlich: Nur das richtige Üben macht den Meister!

Übung: Gewohnheiten ändern

Haben Sie schon einmal Ihre Armbanduhr von Ihrem gewohnten Handgelenk abgenommen und um das andere gebunden? Wie fühlt sich das an? Wo schauen Sie hin, wenn Sie die Uhrzeit ablesen wollen? Die meisten Menschen fühlen sich unangenehm berührt, wenn sie alte Muster und lieb gewonnene Gewohnheiten wieder aufgeben müssen – und noch ehe neue Muster aufgebaut werden konnten, wechselt man die Uhr wieder zurück. Probieren Sie es einfach ein paar Tage aus und erfahren Sie, wie fest manche Routinen sind!

Die NLP-Grundlagen

Die vier Grundprinzipien des NLP

Nachdem Sie nun schon eine Menge über die Entstehung und die Anwendungsmöglichkeiten von NLP gelernt haben, steigen wir Schritt für Schritt tiefer in das Modell ein: NLP basiert auf vier Grundprinzipien. Wenn wir diese Prinzipien in unserem Leben berücksichtigen, sind alle Voraussetzungen für kommunikative Kompetenz, Erfolg und Zufriedenheit vorhanden.
Die vier Grundprinzipien sind:

1. Zielorientierung
2. Sinnesschärfe
3. Flexibilität
4. Selbstverantwortung

Zielorientierung

Nur wer ein Ziel vor Augen hat, hat die Chance, in die richtige Richtung zu gehen. Wenn Sie Ihr Ziel definiert haben, dann behalten Sie es immer vor Augen und verlieren es nicht mehr. So können Sie sicherstellen, dass bei all Ihren Entscheidungen und Handlungen immer Ihr Ziel berücksichtigt ist und somit die Chance besteht, möglichst viel für das Ziel zu tun. Wie man erfolgreich Ziele definiert, damit werden wir uns noch in einem extra Kapitel (siehe Seite 28ff.) befassen!

Sinnesschärfe

Im NLP achten wir mit höchster Aufmerksamkeit auf kleine, aber entscheidende Signale, Zeichen und Unterschiede. Beispielsweise wenn es sich um die Kommunikation mit anderen handelt. Hier ist es wichtig, durch aufmerksames, detailliertes Beobachten Informationen zu sammeln, z.B. auf das Zucken im Mundwinkel zu achten oder auf die Schweißbildung auf der Stirn oder das kleine Runzeln um die Nasenwurzel usw. All dies liefert uns äußerst wertvolle Hinweise – mehr dazu gibt es später!

Erfahrungsbericht von Lisa

„Ich war total frustriert und ausgepowert. Ich habe einen guten Job als Eventmanagerin und früher steckte ich sehr viel Engagement und Energie in die Ausarbeitung neuer Ideen und Projekte. Diese Ideen und Projekte waren zwar zuvor immer mit meinem Chef abgesprochen, aber dennoch schmetterte er viele nach der Ausarbeitung einfach brutal ab. Das war so frustrierend, weil ich mir eine Menge Nachtschichten hätte sparen können!
Als ich anfing, meine Sinne zu schärfen und meinen Chef genau zu beobachten, machte ich nach einer Weile eine Entdeckung. Immer dann, wenn ich ihm die Ideen und Projekte grob vorstellte, konnte ich ein bestimmtes Reaktionsmuster beobachten: Bei Projekten, die er später ablehnte, kniff er immer die Augen zusammen und bei Projekten, die er später gut fand, zog er die Augenbrauen hoch.
Als ich dieses Muster erkannte, habe ich mich nur noch bei den „Augenbrauen-Hochzieh-Projekten" engagiert und die anderen liegengelassen. Seitdem geht es mir wieder richtig gut in meinem Job!"

Flexibilität

NLP zielt immer darauf ab, den Menschen mehr Flexibilität, d.h. mehr Wahlmöglichkeiten für ihr Verhalten und Denken anzubieten. Wer nur eine Möglichkeit zur Verfügung hat, der steht unter Zwang; wer zwei Möglichkeiten hat, der ist in einem Dilemma. Bei drei Möglichkeiten aber beginnen die Flexibilität und die Verhaltensfreiheit. So zieht sich diese Zahl 3 durch viele Übungen und Anwendungen im NLP. Ziel ist meist, mindestens auf drei Verhaltensalternativen zurückgreifen zu können, um flexibel zu sein.

Denn: Wer immer wieder das gleiche tut, wenn etwas nicht geklappt hat, der wird sicher keinen Erfolg haben. Wenn also etwas nicht funktioniert, dann probieren Sie auch einmal etwas anderes aus – das geht aber nur, wenn Sie flexibel sind und auch noch andere Optionen zur Verfügung haben.

Selbstverantwortung

Im NLP gehen wir davon aus, dass wir selbst alle Fähigkeiten und Ressourcen in uns tragen, um uns positiv zu verändern und mehr erreichen zu können. Wichtig ist, dass wir diese Fähigkeiten und Ressourcen mobilisieren! Oft wird bei Problemen oder Schwierigkeiten der Grund bei anderen oder den Umständen gesucht, das führt nicht selten zu Ausreden oder Hilflosigkeit. Zu erkennen, dass man bei sich selber anfangen muss, etwas zu verändern und aktiv zu werden, ist ein wichtiger erster Schritt hin zur Verbesserung. Selbst ist der Mann (und die Frau)!

Wir sind für unseren Zustand und unsere Stimmungen selbst verantwortlich und können diese ändern.

Die Axiome des NLP

NLP ist mehr als nur eine Sammlung von Techniken!

NLP wäre nur verkürzt beschrieben als eine Sammlung effektiver Werkzeuge, denn hinter NLP steckt eine Philosophie und eine Einstellung gegenüber Menschen und deren Entwicklungsmöglichkeiten. Es gibt eine Reihe von Axiomen oder Vorannahmen, die viel über das Menschenbild von NLP und seine grundsätzlichen Werthaltungen aussagen.
Im Folgenden sind die wichtigsten zwölf NLP-Axiome beschrieben, die die Voraussetzung für erfolgreiche Kommunikation und persönliche Entfaltung darstellen.

Axiom 1: Es gibt keinen Ersatz für offene, geschärfte Sinneskanäle

Nur wer genau hinschaut, hinhört und nachfühlt, der bekommt wichtige Informationen, die notwendig sind für eine optimale Kommunikation und Veränderungsarbeit. Die Schärfung der Sinne bezieht sich hierbei nicht nur auf die Umwelt (dass ich also meine Mitmenschen während der Kommunikation genau beobachte), sondern auch auf die eigenen internen Verarbeitungs- und Denkprozesse! Je besser ich über mich selbst und meine Reaktionen und Denkweisen Bescheid weiß, desto besser kann ich auch mit mir und anderen umgehen!

Axiom 2: Körper und Geist beeinflussen einander

Unsere geistige Einstellung beeinflusst unsere Gesundheit. Und umgekehrt: Unser Körper und unsere Körperhaltung hat Einfluss auf unsere geistige und psychische Verfassung. So fällt es viel leichter, sich in einen guten psychischen Zustand zu versetzen, wenn man sich aufrecht und mit geradem Rücken hinsetzt, lächelt (weil dann bestimmte Gehirnregionen aktiviert werden) und den Kopf leicht nach oben hält. Allein durch Einnehmen dieser Körperhaltung lässt sich mental Positives bewirken!
Diese Erkenntnis können Sie auch in Meetings, die sich gerade in einem festgefahrenen und unflexiblen Zustand befinden, nutzen. Legen Sie eine Kaffeepause ein, lassen Sie die Teilnehmer aufstehen und unter einem geschickten Vorwand durch den Raum gehen. Verblüffenderweise lösen sich oft allein durch diesen Wechsel der Körperhaltung mentale Blockaden!

Axiom 3: Die Bedeutung der Kommunikation liegt in der Reaktion, die man bekommt

Dieses Axiom ist sehr grundlegend im NLP und wird in einem späteren Kapitel noch einmal aufgegriffen (siehe Seite 42ff.). Anders kann man auch sagen: Es ist das kommuniziert worden, was beim anderen ankommt. Als Kommunikator möchten wir ja etwas bestimmtes mitteilen. Nur der Sender kann dies sicherstellen, weil dieser weiß, was gesagt werden sollte. Wir haben also die Verantwortung für den Kommunikationsprozess, wir müssen bei unserer Kommunikation dafür sorgen, dass unsere Botschaft richtig ankommt. Hier kommt auch wieder das Grundprinzip der Selbstverantwortung zum Tragen.

Axiom 4: Wenn etwas nicht funktioniert, dann tun Sie etwas anderes

Dieses Axiom haben wir schon bei den Grundprinzipien kennen gelernt, es berührt den As-

pekt der Flexibilität. Normalerweise machen die Menschen, wenn etwas nicht funktioniert, dasselbe noch einmal, nur mit mehr Anstrengung. Je größer die Flexibilität und die Freude am Ausprobieren, desto schneller und leichter stellen sich Erfolge ein!
Dieser Satz scheint so einfach und nahe liegend zu sein und dennoch beherzigen ihn nur wenige Menschen. Je unflexibler wir sind, umso geringer ist die Wahrscheinlichkeit, dass wir eine Lösung finden, die funktioniert. Es gibt ein Sprichwort: „Dumm ist, wer immer wieder dasselbe versucht und erwartet, dass dabei etwas anderes herauskommt!"

Axiom 5: Es gibt keine Fehler, nur Feedback – Fehler sind Lernchancen

Von Fehlern oder Versagen zu sprechen ist wie ein Gang in eine Sackgasse. Dann werden lediglich Ergebnisse festgestellt, ohne dass daraus etwas gelernt wird. Fassen wir jedoch Fehler als Feedback, als Rückmeldung auf, dann können wir diese Fehler nutzen, um uns in Zukunft anders, neu und korrigiert zu verhalten. Wir richten den Blick nach vorne, bleiben nicht stehen, sondern lernen das, was es zu lernen gibt, um erfolgreich zu werden. Personen oder auch Unternehmen haben oft eine sehr ungünstige Fehlerkultur. Fehler werden bestraft, so dass die Mitarbeiter versuchen, Fehler zu vertuschen oder Entschuldigungen zu finden. Die Fehler werden wiederholt – nur: Gelernt wird nichts!

Axiom 6: „Die Landkarte ist nicht das Gebiet" („The map is not the territory")

Anders ausgedrückt: Jeder hat sein eigenes Modell der Welt bzw. jeder Mensch konstruiert sich seine eigene Wirklichkeit. Dieses Axiom (in verschiedenen Varianten) basiert auf der Philosophie und den biologischen Erkenntnissen der Funktionsweise des Gehirns, des so genannten „radikalen Konstruktivismus" von Francisco Varela, Umberto Maturana und Paul Watzlawick u.a. Dahinter steckt die Überzeugung, dass unser Gehirn ein Modell der Welt (d.h. der Realität) erzeugt.
Wir „konstruieren" also ganz automatisch ein Modell und jeder (!) reagiert nicht auf die Welt, sondern nur auf das Konstrukt, das Modell. Ein praktisches Beispiel:
Wenn zwei Personen im Kino einen Film ansehen, reagieren sie nicht auf den Film, sondern auf ihre jeweiligen Modelle der Welt. Sämtliche Sinne nehmen zwar fast das Identische wahr (Bilder, Töne, Sitze etc.) aber die Reaktion, ob der Film ergreifend oder langweilig ist, kommt vom jeweiligen Modell der Welt.
Unsere Wirklichkeit (das Modell oder die Landkarte) ist eine rein subjektiv erlebte Welt, die nicht die Realität ist. Wie auch immer die Außenwelt (Realität) tatsächlich beschaffen sein mag, wir erfahren und erleben sie ganz individuell und verarbeiten sie entsprechend unserer Kultur, unseren Werten, Interessen, Erfahrungen, Überzeugungen etc. Auch haben wir nur Zugriff auf das Modell der Welt, das sich jeder einzelne von uns selber macht, nicht auf die Realität. So kann auch niemand sagen, dass er oder sie die Welt so sieht, wie sie tatsächlich ist. Jeder sieht nur sein Modell der Welt.
Jeder Mensch lebt also in einer einzigartigen Welt, die auf seinen individuellen Lebenserfahrungen beruht. Die Karten oder die Modelle, die wir uns von der Welt machen, sind immer selektiv und subjektiv.

Jeder Mensch hat in seinem Modell der Welt recht und ist in diesem vernünftig – auch wenn es aus einem anderen Modell der Welt heraus falsch und unsinnig sein mag!
Menschen verwechseln oft die Realität mit dem eigenen (individuellen) Modell der Welt. Das führt immer wieder zu Missverständnissen und Konflikten. Wenn ich aber nachvollziehen kann, welches Modell der Welt sich der andere gemacht hat, kann ich Verständnis aufbringen und mich darauf einstellen. Die Subjektivität und Individualität des eigenen Modells der Welt zu erkennen und auch anzuerkennen ebenso wie das der anderen führt zu mehr Toleranz, Verständnis und weniger Rechthaberei.
Haben Sie schon einmal ein Fußballspiel erlebt, an dem Fans beider Mannschaften anwesend waren? In diesem Kontext könnte das Axiom heißen: „Ob es ein Foul war, hängt davon ab, ob du ein Fan der Mannschaft bist oder eben nicht".

z. B. **Ein Beispiel für die unterschiedliche Sicht der Welt**

Oliver und Paul sind seit Jahren Geschäftspartner, auch wenn sie gelegentlich unterschiedlicher Ansichten sind. So wie neulich, als sie die Chance bekamen, sich für einen großen, lukrativen Auftrag zu bewerben. Oliver war richtig aufgekratzt, freute sich auf die Angebotspräsentation und die Arbeit an dem Projekt. Paul machte sich jedoch Sorgen, dass dieses Projekt zu groß sei, dass die Präsentation nicht gut genug sei, dass viel Arbeit auf sie zukomme usw.
Oliver und Paul erlebten dieselbe Situation (Bewerbung um einen großen Auftrag) und nahmen sie dennoch völlig unterschiedlich wahr, jedem seinem Modell der Welt entsprechend: Paul hat ein eher pessimistisches Modell der Welt, und Oliver eher ein optimistisches.
Als mitten während der tollen PowerPoint-Präsentation der einzige Beamer ausfiel, zog Paul ganz ruhig seine Notfall-Overhead-Folien heraus und Oliver konnte seinen mitreißenden Vortrag ohne große Unterbrechung zu Ende bringen. Auch die gesamte Umsetzung war selbst für diverse Worst-Case-Szenarien gut durchdacht, so dass die beiden den Auftrag bekamen.
Dies ist ein gutes Beispiel für die unterschiedliche Sicht der Welt – und wie man diese unterschiedlichen Sichtweisen konstruktiv nutzen kann.

Axiom 7: Jeder hat alle notwendigen Ressourcen für Zielerreichung, erfolgreiche Weiterentwicklung und Veränderung in sich

Innere Ressourcen können sein: Freude, Genauigkeit, Selbstbewusstsein, Energiereichtum, Empathie, Zielstrebigkeit ... All diese Ressourcen werden Sie irgendwann im Leben schon einmal erlebt haben. Irgendwann haben Sie Freude erlebt, waren selbstbewusst oder energiegeladen usw.
Jetzt kommt es darauf an, sich einen Zugang zu diesen Ressourcen im richtigen Moment zu verschaffen. Sie liegen nicht auf der Straße und werden einem auch nicht von jemand anderem gegeben, sondern Sie haben sie in sich!
NLP bietet einige Möglichkeiten an, um zu diesen inneren Ressourcen Zugang zu finden.

Noam Chomsky, Linguist und Philosoph: Eine seiner Grundthesen ist es, dass die Oberflächenstrukturen der Sprache (Wörter, Phrasen, Sätze) mit abstrakteren Tiefenstrukturen korrespondieren.

Axiom 8: Der Mensch ist ein Bedeutung erzeugendes Wesen

Sämtliches Handeln – sowohl das eigene wie auch das anderer Menschen – und auch sämtliches Wahrgenommene wird vom Gehirn mit Sinn und Bedeutung belegt. In der Kommunikation kommt es vor, dass der Empfänger sich Sinn und Bedeutung erzeugt, die nicht mit der gewünschten Absicht des Senders übereinstimmen. In Fällen, in denen offensichtlich weder Sinn noch Bedeutung vorliegen, erfindet das Gehirn sogar etwas, damit Sinn und Bedeutung entstehen.

Deswegen kommuniziert ein guter Kommunikator immer so, dass genau der gewünschte Sinn und die gewünschte Bedeutung vermittelt werden. Gelungene Kommunikation schränkt also den Interpretationsspielraum ein.

Axiom 9: Jedes Verhalten hat eine positive Absicht

Dieses Axiom hängt stark mit dem schon bekannten Axiom „Jeder hat sein eigenes Modell der Welt“ zusammen und ist erfahrungsgemäß eines der am meist diskutierten, da vielen Lesern zunächst extreme Beispiele in den Kopf kommen. Wir gehen davon aus, dass jeder aus seinem Modell der Welt heraus handelt, wodurch die ihm zu diesem Zeitpunkt zur Verfügung stehenden Möglichkeiten bestimmt

Verhalten und Personen sollte man getrennt betrachten. Achte und respektiere die Person, ändere das Verhalten.

sind. Das bedeutet, dass jeder in diesem Moment bestmöglich handelt. Das Verhalten mag schlecht sein, die Absicht dahinter ist gut.

Manchmal ist die positive Absicht des anderen aus unserer eigenen Sicht der Welt eine negative Absicht. Im NLP versuchen wir gerade dann, das Modell der Welt des anderen und somit dessen subjektive positive Absicht zu verstehen. Nur so ist es möglich eine Verhaltensänderung zu bewirken, z.B. indem man weitere Verhaltensmöglichkeiten anbietet oder dessen Weltmodell erweitert oder indem man die Absicht auf andere Art und Weise erfüllt.

Axiom 10: Im Prinzip kann jeder alles erreichen

Wenn jemand irgendetwas kann oder erreicht hat, kann dies im Prinzip auch ein anderer lernen. Man muss nur die Frage beantworten: Was genau und wie genau macht er dies? Dieses Axiom ist eines der grundlegendsten und wichtigsten, aus dem heraus NLP überhaupt entstanden ist. Ganz zu Beginn der Modell-Entwicklung wurden die Erfolgsstrukturen der drei therapeutischen Meister Perls, Satir und Erickson analysiert, anderen Menschen zugänglich gemacht und in andere Kontexte als den therapeutischen übertragen. Diese Offenheit und Bereitschaft von anderen zu lernen, macht Erfolg aus!

Axiom 11: Das Verhalten einer Person ist nicht die Persönlichkeit

Diese Annahme knüpft an das obige Axiom an, denn auch dieses hat sehr viel mit einem positiven Menschenbild und dem Gedanken der Toleranz zu tun. Normalerweise bestimmt das Verhalten einer Person unsere Einstellung und Einschätzung gegenüber dieser. Im NLP trennen wir die Persönlichkeit (den Menschen an sich) und das Verhalten klar voneinander. Während ein bestimmtes Verhalten (z.B. zu spät kommen, stehlen, faul sein, gewalttätig sein) als negativ erlebt werden kann, so sollte die Person, die das Verhalten zeigt, dennoch respektiert und akzeptiert werden.

Bei der Erziehung der Kinder spielt dies eine wichtige Rolle. Im Laufe der ersten 12-15 Lebensjahre vermitteln wir als Eltern eine ganze Menge gesellschaftlicher und familiärer Regeln. Übertretungen dieser Regeln werden zumindest festgestellt und oft auch sanktioniert. Dabei sollten Eltern dem Kind ganz deutlich zeigen: Natürlich bist Du unser ganzer Stolz und wir lieben Dich sehr – trotzdem finden wir es nicht in Ordnung, dass Du Deinem Spielkameraden immer die Schaufel wegnimmst, oder Deine Hausaufgaben in letzter Zeit nicht ordentlich machst, oder Dich schon zum 5. Mal nicht an die verabredete Nach-Hause-Komm-Zeit hältst. Das Kind sollte immer das Gefühl haben, dass es geliebt und wertgeschätzt wird, egal was es gemacht oder nicht gemacht hat. Dadurch bewahren Sie selbst in turbulenten Zeiten eine gute Beziehung zu Ihrem Kind.

Dies lässt sich selbstverständlich auch auf alle anderen Kontexte übertragen, z.B. im Berufsleben: Wenn Sie einem Mitarbeiter vermitteln möchten, dass seine Leistung im Moment nicht so gut ist, dann können Sie das so tun, dass er sich dennoch als Person weiterhin wertgeschätzt fühlt!

Achtung: Die meisten Menschen setzen die Persönlichkeit gleich mit ihrem Verhalten.

Axiom 12: Zwei nützliche Eigenschaften des Gehirns: Es ist einfallslos und faul

Wie wir ja schon sehr früh kennen gelernt haben: Der Mensch liebt es, Muster und Gewohnheiten zu erzeugen, weil es Sicherheit gibt und Raum schafft für die Aufmerksamkeit auf andere Dinge.

Dass Neues gelernt werden kann – und zwar nachhaltig – liegt an diesen beiden nützlichen Eigenschaften des Gehirns:

Es ist einfallslos (macht also am liebsten immer das Gleiche und Gewohnte) und faul (es möchte sich nicht anstrengen, um was Neues zu lernen).

Alles, was Aufwand, Anstrengung oder Veränderungsarbeit benötigt, wird vermieden und benötigt daher Motivation. Deswegen ist oftmals aller Anfang schwer, aber wenn man dran bleibt, dann wird jedes neue Verhalten, Denken etc. schnell zur gewohnten Routine!

Sie fragen sich jetzt bestimmt, warum und wie ausgerechnet diese zwei an sich negativ bewerteten Eigenschaften nützlich sein können.

Vorteile der Einfallslosigkeit des Gehirns:

Sind Veränderungen ökologisch, d.h. das Verhalten oder die Denkweise o.ä. ist besser als zuvor, dann bleiben sie erhalten und sind stabil. Das Gehirn arbeitet ganz nach dem Motto: Wenn etwas funktioniert, dann wird es beibehalten!

Die Vorteile der Faulheit:

Energie und Aufwand werden gespart, so dass ein maximaler Nutzen bei geringstem Aufwand garantiert wird.

➤ *Betrachten wir diese Axiome, so ist offensichtlich, dass NLP sich einem humanistischen, positiven Menschenbild verbunden fühlt, in dem die eigene Kraft und die eigenen Möglichkeiten eine zentrale Rolle spielen und die Unterschiedlichkeit der Menschen akzeptiert und respektiert.*

2 Wertvolle Ziele leicht erreichen

Werte bestimmen unsere Kultur, sie bestimmen unsere Zufriedenheit und sie sind Motor bzw. die Initiatoren für unser Verhalten. Können wir im Einklang mit unseren Werten leben und arbeiten, so geht es uns gut und wir sind zufrieden – und sind in der Lage, in beruflichen Dingen und privaten Angelegenheiten mehr Leistung und Einsatz zu bringen!

Wenn Ziele den eigenen Werten entsprechen, dann werden sie deutlich leichter erreicht. Werte herauszufinden ist auch deswegen wichtig, weil sie sehr viel über das Modell der Welt des anderen aussagen. Und wer das Modell der Welt des anderen kennt, kann sich besser auf ihn einstellen.

Wertvolle Ziele ohne Umwege leicht erreichen

Ziel dieses Kapitels: Ziele leichter und schneller erreichen
Wohlgeformtheitskriterien für Ziele, Zielearbeit, Öko-Check, FuturePace, Werte

Was sind eigentlich Werte?

Bevor wir uns damit beschäftigen, wie wir Ziele besser, schneller und leichter erreichen, möchten wir uns zunächst mit dem sehr spannenden und wichtigen Thema Werte beschäftigen. Werte haben einen sehr großen Einfluss auf unser Leben und sind uns dennoch meist unbewusst. Durch die bewusste Auseinandersetzung mit unseren Werten, schaffen wir eine gute Basis dafür, die Ziele zu finden, die es uns wirklich wert sind, engagiert zu verfolgen.
Werte sind Dinge,

- die uns wichtig sind,
- die uns motivieren,
- die uns sagen, was richtig oder falsch ist,
- die uns sagen, was gut oder böse ist,
- für die wir Zeit und Ressourcen aufwenden.

Werte können sein: Freiheit, Ordnung, Offenheit, Kollegialität, Zurückhaltung, Sicherheit, Offenheit, Pünktlichkeit, Unabhängigkeit, Lebendigkeit, Hilfsbereitschaft, Respekt, Freundschaft ...

Werte beeinflussen unsere Zufriedenheit maßgeblich

Werte bestimmen unsere Kultur, sie bestimmen unsere Zufriedenheit und sie sind Motor bzw. die Initiatoren für unser Verhalten. Selbst Firmen haben bestimmte Werte, egal ob sie explizit sind oder nicht!
Können wir im Einklang mit unseren Werten leben und arbeiten, so geht es uns gut und wir sind zufrieden – und sind der Lage z.B. in beruflichen Dingen mehr Leistung und Einsatz zu bringen!

z. B. **Beispiel: Wie Werte die Arbeitszufriedenheit bestimmen**

Barbara fühlt sich schon seit Monaten ziemlich schlecht. Jeden Morgen kämpft sie sich unter großer Anstrengung aus dem Bett und quält sich in die Arbeit. Seit einem halben Jahr arbeitet sie in einem privaten Kindergarten als Erzieherin. Sie hat sich sehr auf diesen Job gefreut und daher nur langsam begriffen, dass ihr das Konzept dieses Kindergartens Bauchschmerzen bereitet.
Barbara hat den Eindruck, dass die Kinder dort viel zu sehr verwöhnt werden und dass es zu wenig Regeln gibt, die ihrer Meinung nach für das tägliche Miteinander einfach notwendig wären. Barbara stößt bei den anderen Erziehern mit ihrer Kritik am Konzept nur auf Ablehnung und fühlt sich zunehmend isoliert. Die Arbeit macht ihr schon lange keinen Spaß mehr.

Es kommt auf den Kontext an

Es gibt globale Werte, die das ganze Leben betreffen und kontextabhängige Werte, d.h. die Werte können im Kontext „Beruf und Erziehung" und „Persönlichkeit und Freundschaft" jeweils unterschiedlich sein. So kann im beruflichen Bereich der Wert „Erfolg" sehr hoch angesiedelt, im Bereich Freundschaft jedoch überhaupt keine Rolle spielen, sondern vielleicht eher „Vertrauen". Dennoch werden sicherlich je Lebensbereich (Kontext) nicht völlig gegenteilige Werte an erster Stelle stehen.
Der Mensch hat im Durchschnitt ca. 10 bis 20 aktive Werte, das ist also eine relativ begrenzte Anzahl. Werte sind dabei sehr zeitstabil und zäh, sie können nicht einfach von heute auf morgen verändert werden – es sei denn, die Lebensumstände ändern sich dramatisch, wie z.B. nach der Geburt des ersten Kindes. Umso spannender ist es, sich mit seinen eigenen Werten auseinanderzusetzen und sie herauszufinden.

Wie Werte entstehen

Werte sind nicht nur bestimmend für die Art der Gesellschaft, in der wir leben, sondern sie sind auch Kennzeichen der Familie, in der wir aufwachsen, unseres Freundeskreises und später der Arbeitsstelle. Die meisten Werte werden relativ früh – bereits in den ersten Jahren der Kindheit – durch Sozialisation und eigene Erfahrungen ausgebildet. Das betrifft nicht nur die unsere Kultur bestimmenden Werte wie z.B. „Achtung der Menschenwürde" oder „körperliche Unversehrtheit", sondern auch andere wie z.B. „Ehrlichkeit", „Gerechtigkeit", „Toleranz", „Respekt", „Selbstbestimmung", „Leistung", „Erfolg".
Durch Umweltbedingungen oder Veränderung der äußeren Umstände können sich Werte wandeln oder müssen angepasst werden (z.B. ist der Wert „ökologisches Bewusstsein" erst Anfang der 1980er Jahre entstanden). Auch individuelle Werte können sich unter bestimmten Umständen ändern. Der Wert „Gesundheit" kann durch eine plötzliche Krankheit sehr wichtig werden und der Wert „beruflicher Erfolg" zugleich an Bedeutung verlieren. Insgesamt gesehen sind Werte jedoch eher langlebig und stabil.

Wichtig zu kennen: meine Werte – deine Werte

Werte herauszufinden ist deswegen wichtig, weil sie sehr viel über das Modell der Welt des anderen aussagen. Und wer das Modell der Welt des anderen kennt, kann sich besser auf ihn einstellen. Werte zu kennen, fördert den respektvollen Umgang.
Es ist natürlich auch wichtig, die eigenen Werte kennen zu lernen, denn erst dann kann ich dafür sorgen, dass ich in Einklang mit ihnen lebe. Kenne ich z.B. meine Werte für eine gelungene Partnerschaft, so kann ich die in Frage kommenden Partner anhand dieser Werte „abklopfen". Wem Freiheit, Selbstständigkeit und Unabhängigkeit wichtig sind, der wird sich mit einem Partner, der am liebsten alles nur zusammen mit der Partnerin unternimmt, sofort mit ihr zusammenziehen möchte und über jeden ihrer Schritte Bescheid wissen möchte, eher schwer tun!

Die Möglichkeiten, Werte bei anderen und sich selbst herauszufinden, sind vielfältig!
Achten Sie darauf, in welchem Zusammenhang Sie Aussagen machen, die ein „man sollte ..." oder „man muss ..." beinhalten. „Man sollte sich im Beruf gegenseitig mehr unterstützen!" deutet auf die Werte „Hilfsbereitschaft" oder „Kooperation" hin. In welchen Kontexten werden Sie oder andere ärgerlich oder wütend? Wer wütend wird, wenn ein anderer schlampig arbeitet, dann wurde hier vermutlich der Wert „Genauigkeit" oder „Sorgfältigkeit" verletzt.
Warum-Fragen sind in Bezug auf Entscheidungen im Zusammenhang von Werten sehr nützlich, weil sie auf die Triebfeder des Handelns zurückgehen. „Warum hast Du Dich für diesen Urlaubsort entschieden?" liefert einige Hinweise auf die Werte: „Ruhe", „unberührte Natur" oder „Abenteuer", „viele Freizeitmöglichkeiten", „Unterhaltung" ...
Natürlich kann man sich oder andere auch direkt fragen: „Was ist wichtig an... (Freundschaften, Kindererziehung, Berufswahl, Arbeitsstelle, Kollegen usw.)?" Diese Variante ist nicht immer die erste Wahl, da dabei oft rationalisiert wird, während Werte eigentlich eher emotional sind. Auch eine sehr beliebte Werte-Ermittlungstechnik ist die Himmel/Hölle-Frage: „Was bedeutet für Dich der Himmel? Was bedeutet für Dich die Hölle?"

Die „Werteharmonie" abklären

Greifen wir nun das Beispiel der Erzieherin Barbara von Beginn des Kapitels auf. Barbara hat nach einiger Zeit richtig erkannt, dass an ihrer Arbeitsstelle für sie wichtige Werte bezüglich des Umgangs mit Kindern verletzt werden. Diese sind z.B. „Ordnung", „Regeln", „Struktur", „Kontinuität". Bei einem nächsten Vorstellungsgespräch sollte sie abklären, wie die Regeln im Kindergarten sind, wie wichtig dort Ordnung und Struktur genommen werden usw. Diese Informationen kann sie dann mit ihren eigenen Werten vergleichen. Stimmen sie überein, kann sie dort in Einklang mit ihren Werten arbeiten. Stimmen sie nicht überein, sollte sie weiter suchen.

➤ *Finden Sie Ihre eigenen Werte heraus – sie sind es wert! Und je mehr dieser Werte erfüllt sind, desto zufriedener und glücklicher werden Sie sein.*

Zielerreichung leicht gemacht

Grundprinzip: Kenne Dein Ziel!

Vielleicht ist es Ihnen auch schon so ergangen: Während Ihres letzten Urlaubs oder zum Jahresbeginn haben Sie gute Vorsätze gefasst und sich ehrgeizige Ziele gesetzt. Hand aufs Herz: Wie viele davon haben Sie tatsächlich in die Tat umgesetzt oder erreicht? Normalerweise werden nur ca. fünf Prozent der Sylvestervorsätze realisiert! Das ist schade, denn meist stecken sehr gute Ideen dahinter!
Kein Wunder, dass im NLP die Themen „Ziele und Zielerreichung" sehr wichtig sind. Jede Veränderungsarbeit, jedes erfolgreiche Handeln und jede Entwicklung beginnt damit, dass wir uns Ziele setzen. Je präziser und positiver und vor allem je gehirngerechter ein Ziel formuliert ist, desto besser können wir unsere Entscheidungen und Handlungen so ausrichten, dass wir das Ziel auch erreichen.

1. Übung: Was sind Ihre Werte?

Legen Sie zunächst drei Kontexte fest, für die Sie Ihre Werte herausfinden möchten, z.B. Arbeitsstelle, Beziehung, Freunde, Kindererziehung. Konzentrieren Sie sich dann zunächst auf den ersten Kontext und schreiben Sie alles auf, was Ihnen hier wichtig ist, indem Sie die auf der vorherigen Seite beschriebenen Methoden verwenden. Gehen Sie dann zum nächsten Kontext über.

2. Übung: Leben Sie im Einklang mit Ihren Werten?

Beginnen Sie wieder beim ersten Kontext und überlegen Sie sich für jeden Wert, ob er in diesem Kontext für Sie erfüllt ist oder nicht. Kreuzen Sie Ihre Einschätzung an. So können Sie auf einen Blick sehen, in welchen Lebensbereichen Sie etwas verändern sollten und wo Sie bereits sehr zufrieden leben.

	Kontext 1	Wert erfüllt?
Wert 1		❑ ja ❑ einigermaßen ❑ nein
Wert 2		❑ ja ❑ einigermaßen ❑ nein

	Kontext 2	Wert erfüllt?
Wert 1		❑ ja ❑ einigermaßen ❑ nein
Wert 2		❑ ja ❑ einigermaßen ❑ nein

	Kontext 3	Wert erfüllt?
Wert 1		❑ ja ❑ einigermaßen ❑ nein
Wert 2		❑ ja ❑ einigermaßen ❑ nein

Wer seine Werte mit Leben erfüllt und Ziele erreichbar macht, ist zufrieden.

Ziele müssen wohlgeformt formuliert werden

Der trivial anmutende Satz „Nur wer sein Ziel kennt, kann es erreichen“ ist keineswegs selbstverständlich. Die meisten Menschen stecken sich ihre Ziele nicht bewusst, sie haben meistens nur gute Vorsätze oder Wünsche, die aber in einer Art und Weise formuliert sind, die eine Erreichung schwer oder unmöglich machen. „Ich möchte nicht mehr rauchen“ ist ein beliebter Vorsatz, der jedoch von dem größten Teil der Raucher sehr schnell wieder aufgegeben wird.

Möchte man ein Ziel wirklich erreichen, so ist es erstens wichtig, überhaupt eines zu haben und zweitens, dass es gehirngerecht formuliert ist. Wohlgeformte Ziele werden sehr viel wahrscheinlicher erreicht! Für eine gehirngerechte Formulierung kennen wir im NLP eine ganze Reihe von Kriterien, die so genannten „Wohlgeformtheits"-Kriterien:

1. Positiv formuliert
2. Keine Vergleiche
3. Konkretion, Präzision, Timing und Kontext
4. Realistisch
5. Einfach und überschaubar
6. Kurze Feedbackschleifen, messbar
7. Selbst kontrollierbar und initiierbar
8. Sinnesspezifisch repräsentiert
9. Konsequenzen beachten

1. Positiv formuliert

Das Gehirn kann keine Negationen verarbeiten. Wenn ich zu Ihnen sage: „Denken Sie jetzt bitte NICHT an einen Rennwagen“, dann werden Sie aller Wahrscheinlichkeit nach zumindest kurz an einen Rennwagen gedacht haben. Diese Eigenheit des Gehirns ist sehr wichtig für die Zielformulierung: Verwenden Sie keine Negationen, sondern formulieren Sie Ihr Ziel immer positiv. So behalten Sie Ihr Ziel im Fokus der Aufmerksamkeit.

z. B.

- „Bei der nächsten Präsentation möchte ich nicht mehr so schnell reden!“
Besser: „Bei der nächsten Präsentation werde ich ruhig und langsam sprechen.“
- „Im nächsten Meeting lasse ich mich nicht mehr unterkriegen!“
Besser: „Im nächsten Meeting werde ich mich durchsetzen!“
- „Ich möchte mich bei Kollege XY nicht mehr aufregen.“
Besser: „Ich möchte bei Kollege XY ruhig bleiben.“

2. Keine Vergleiche

Das Gehirn kann auch bei Zielen mit Vergleichen wenig anfangen, denn es bleibt offen, worauf es seine Aufmerksamkeit richten soll. Bei dem Ziel „Ich will besser als mein Chef verhandeln können", bleibt offen, wie genau der Chef gut verhandelt. Bei „ich möchte sportlicher werden", ist es möglich nur ein wenig oder immer weiter zu gehen.

z. B.

- „Ich will besser verhandeln können als mein Chef."

Besser: „Ich will in Verhandlungen mindestens fünf gute und passende Argumente auf Lager haben (mein Chef hat meist nur drei) und sie selbstbewusst vertreten."

- „Ich will besser Englisch sprechen können, v.a. im beruflichen Bereich."

Besser: „Ich will meinen englischen Business-Wortschatz um 500 Worte erweitern und mit Kollegen Konversation üben."

3. Konkretion, Präzision, Timing und Kontext

Wenn Sie ein Ziel formulieren, dann soll es konkrete Hinweise geben, was genau, wie wann, wo und gegebenenfalls mit wem Sie dieses Ziel erreichen möchten! Dies hilft Ihnen, sich in konkreten Punkten zu verbessern und zu verändern, den Ort, den Zeitpunkt und die Bedingungen zu definieren.

z. B.

- „Ich möchte in der Situation XY geduldiger werden!"

Besser: „Immer, wenn die Situation XY eintritt, werde ich ab morgen erst tief durchatmen, mich beruhigen und dann reagieren."

- „Ich möchte gut präsentieren können!"

Besser: „Ich werde nächsten Monat einen Präsentationskurs besuchen, zu Hause üben und das dann in der Arbeit anwenden."

4. Realistisch

Setzen Sie sich nur realistische Ziele – auch wenn die Einschätzung, was realistisch ist, natürlich von der individuellen Ausgangssituation abhängig ist. Als Faustregel gilt: So ehrgeizig wie möglich und so realistisch wie nötig. Für jemanden, der 90 kg wiegt, ist es unrealistisch innerhalb von drei Monaten 60 kg wiegen zu wollen – für jemanden, der 70 kg wiegt, jedoch nicht.

z. B.

- „Ich möchte in sechs Wochen gut japanisch sprechen."

Besser: „Ich lerne in den nächsten sechs Wochen die wichtigsten Grundlagen."

- „Ich möchte mir in einem halben Jahr ein Haus komplett selbst bauen."

Besser: „Ich werde den Keller ausheben lassen und dann das Mauerwerk nach und nach selbst bauen. In einem halben Jahr soll der Rohbau stehen."

5. Einfach und überschaubar

Achten Sie darauf, dass Ihr Ziel nicht zu groß oder kompliziert ist. Zerlegen Sie es gegebenenfalls in kleine, einfache und überschaubare Unterziele. „Ich möchte Karriere machen" ist zwar sicherlich ein erstrebenswertes Ziel, aber seine Zielformulierung ungeeignet, weil es zu kompliziert ist und zu viele unüberschaubare Details enthält.

z. B.

- „Ich möchte Karriere machen."

Besser: „Ich werde meinem Vorgesetzten mitteilen, dass ich innerhalb der nächsten zwölf Monate gerne Führungsaufgaben übernehmen möchte", usw.

- „Ich will Kommunikationsprofi sein."

Besser: „Ich möchte in Vorträgen selbstsicher und überzeugend auftreten"

6. Kurze Feedback-Schleifen, messbar

Auf dem Weg zur Erreichung Ihres Zieles helfen Ihnen Meilensteine, um sicher zu sein, dass Sie sich noch auf dem richtigen Weg befinden. Entwickeln Sie bei langfristigen Zielen Unterziele. Wollen Sie z.B. den persönlichen Kontakt zu Ihren Mitarbeitern verbessern, dann können prüfen, wie weit Sie schon sind: Werden Sie auf ein Bier nach der Arbeit eingeladen? Schenken Kollegen Ihnen Vertrauen, erzählen Sie Ihnen Privates?

z. B.

- „Ich möchte in einem Jahr Weinexperte sein."

Besser: „Ich möchte zunächst die verschiedenen Weinanbaugebiete kennen lernen, dann die Rebsorten und dann die Unterschiede im Geschmack, Farbe etc."

- „In gut einem Jahr möchte ich meinen Umsatz um 30% steigern."

Besser: „In drei Monaten möchte ich eine Umsatzsteigerung um 5%, in einem halben Jahr 10% und in 12 Monaten 30%.

7. Selbst kontrollierbar und initiierbar

Bei einem wohlgeformten Ziel spielen Sie eine aktive Rolle und sind nicht abhängig von Anderen oder äußeren Umständen. Das Ziel muss vernünftigerweise in Ihrem Einflussbereich liegen. Ziele, bei denen man sich auf andere Menschen verlassen muss, sind nicht wohlgeformt, denn wenn die Menschen oder die Bedingungen sich nicht für Sie entscheiden, dann sitzen Sie fest und erreichen Ihr Ziel trotz aller Bemühungen nicht.

z. B.

- „Ich möchte reich werden, deswegen spiele ich jede Woche Lotto."

Besser: „Ich werde einen guten Job finden und dadurch reich werden."

- „Ich möchte, dass mich die Menschen gerne mögen."

Besser: „Ich werde an mir arbeiten bis ich ein liebenswerter Mensch geworden bin."

- „Ich möchte, dass mir endlich eine Beförderung angeboten wird!"

Besser: Ich werde mit meinem Chef einen Termin ausmachen und mit ihm über Beförderungsmöglichkeiten sprechen.

8. Sinnesspezifisch repräsentiert

Stellen Sie sich Ihr Ziel so genau wie möglich vor! Lassen Sie Ihre Phantasie spielen und vor Ihrem inneren Auge einen Film ablaufen, in dem Sie das Ziel schon erreicht haben! Wie sehen Sie dabei aus? Was haben Sie an? Wie bewegen Sie sich? Kommunizieren oder agieren Sie mit anderen Menschen? Was sagen diese Menschen zu Ihnen? Wie hört es sich an, wenn Sie Ihr Ziel erreicht haben? Wie fühlt es sich an? Welche Gefühle spielen eine Rolle: Glück, Selbstbewusstsein, Zufriedenheit, Ruhe?

Je ausführlicher und genauer die Vorstellungen von dem sind, was Sie wollen, und wie es ist, wenn Sie Ihr Ziel erreicht haben, desto besser kann es Ihr Gehirn durchspielen und Gelegenheiten erkennen und wahrnehmen, um das Ziel zu erreichen.

z. B.

- „Ich möchte demnächst um eine Gehaltserhöhung bitten!"

Besser: „Nächsten Montag gehe ich in dem neuen Anzug selbstsicheren Schrittes in das Büro meines Chefs und spreche mit ihm darüber, was ich in der letzten Zeit alles für die Abteilung und die Firma geleistet habe. Dabei werde ich folgende Punkte [...] aufzählen, viele Beispiele bringen und anschließend seine Zustimmung einholen, dass dies belohnt werden sollte, z.B. durch eine Gehaltserhöhung von x Euro. Ich werde klar und deutlich sprechen und alles sagen, was ich mir vorgenommen habe. Auf mögliche Einwände werde ich mich vorbereiten und mir Gegenargumente zurechtlegen. Und dann werde ich glücklich und selbstsicher aus dem Büro schreiten."

9. Konsequenzen beachten

Zum Schluss kommt eine der wichtigsten Kriterien für das Erreichen von Zielen, oder anders gesagt: Wenn Sie ein Ziel hartnäckig nicht erreichen, dann ist meist die Vernachlässigung der Konsequenzen, oder im NLP-Jargon gesprochen, der mangelnde Öko-Check, die Ursache dafür.

Jede Zielerreichung bringt Veränderung im eigenen Leben oder in Arbeitsabläufen und evtl. auch im Leben oder in Abläufen anderer Menschen mit sich. Manchmal mag zwar das Ziel sehr attraktiv sein, die Konsequenzen daraus aber womöglich nicht.

z. B.

Marc arbeitet lange darauf hin, dass er einen Job in der obersten Führungsebene seiner Firma bekommt. Als er diesen Job dann bekommt, genießt er seinen Erfolg zunächst sehr.

Doch dieser neue Job nimmt auch eine ganze Menge Zeit in Anspruch. Marcs Wochenarbeitszeit steigt auf ein Niveau an, das für seine Familie nicht mehr akzeptabel ist. Schließlich kommt es sogar zur Scheidung. Seine Arbeitsleistung sinkt und sein Ansehen in der Firma lässt nach. So hatte Marc sein Ziel zwar zunächst erreicht, aber es handelte sich dabei nicht um eine erfolgreiche Zielerreichung! Die negativen Konsequenzen waren einfach zu hoch und wurden nicht aufgefangen!

Der Ökocheck

Wir definieren im NLP „Ökologie“ als die Wissenschaft von den Konsequenzen. Jede Veränderung muss die Auswirkungen auf und Konsequenzen für sich und andere berücksichtigen und in die Planungen integrieren. Deswegen ist es bei allen Zielen notwendig zu fragen:

- Welche Konsequenzen kann eine Zielerreichung nach sich ziehen?
- Sind negative Konsequenzen für mich akzeptabel? Wenn nicht: Wie können diese Nachteile ausgeglichen werden?
- Sind negative Konsequenzen für andere akzeptabel? Wenn nicht: Wie können diese Nachteile ausgeglichen werden?
- Sind die Vorteile des alten Verhaltens im Neuen integriert? Wenn nicht: Ist das okay? Auf welche Weise können Sie sie in das neue Verhalten integrieren?

Diese Überlegungen nennen wir im NLP „Ökocheck“. Achten Sie bei Ihrer Zielformulierung darauf, dass sie den vorgenannten neun Kriterien entspricht, dann haben Sie eine gute Grundlage und Voraussetzung geschaffen, um Ihre Ziele auch wirklich zu erreichen. Meist ist die Missachtung des Ökochecks verantwortlich für Rückschläge bei der Zielerreichung.
Die Wohlgeformtheitskriterien sind nicht nur bei großen Zielen, wie z.B. im Job oder bei der Gesundheit wichtig, sondern auch bei den vielen kleinen, alltäglichen Zielen, die man sich setzt: heute einen schönen Abend zu verbringen, den Urlaub zu genießen oder die Wohnung auf Vordermann zu bringen.

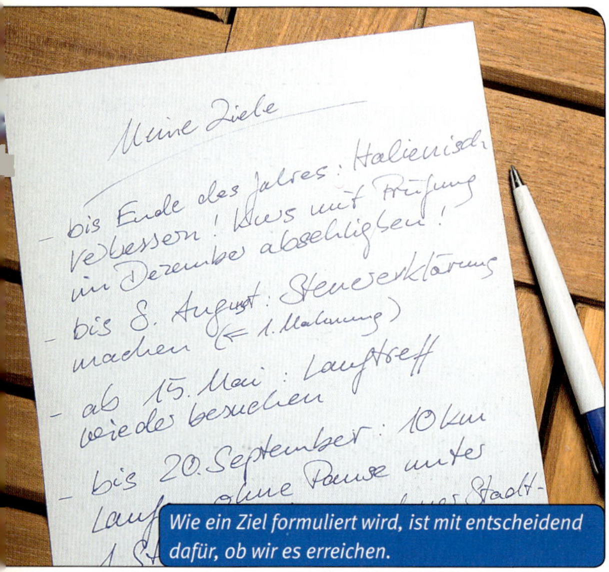

Wie ein Ziel formuliert wird, ist mit entscheidend dafür, ob wir es erreichen.

Ziele erreichen – was noch wichtig dafür ist

Berücksichtigung der Werte

Wenn Ziele den eigenen Werten entsprechen, dann werden sie deutlich leichter erreicht. Wenn im beruflichen Kontext z.B. der Wert Erfolg sehr wichtig ist, dann wird das Ziel innerhalb der nächsten zwölf Monate eine Führungsposition zu erreichen, viel leichter erreicht werden, als wenn der Wert „möglichst viel Freizeit“ ganz oben steht. Berücksichtigen Sie also bei Ihren Zielformulierungen die Werte, die Sie für die verschiedenen Kontexte herausgefunden haben!

Ressourcen-Mobilisierung

Ein Ziel kann noch so wohlgeformt sein, wenn Ihnen wichtige Ressourcen fehlen oder nicht zugänglich sind, dann werden Sie Ihr Ziel nicht erreichen. Unter Ressourcen versteht man sowohl persönliche Fähigkeiten und Fertigkeiten (z.B. Mut, Sicherheit, Souveränität, Konzentrationsfähigkeit, positives Denken usw.)

als auch äußere Umstände (z.B. Möglichkeit, einen Kurs zu besuchen oder Gelegenheit, Gespräche führen zu können oder Zugang zu bestimmtem Material zu bekommen).
Machen Sie eine Liste, welche Ressourcen für die Zielerreichung notwendig sind und überlegen Sie sich, welche davon Sie bereits besitzen und welche Sie sich noch beschaffen müssen. Eventuell ist es erforderlich, sich noch weitere Ziele zu setzen.

Baby-Steps

Jede auch noch so lange Reise beginnt mit dem ersten Schritt. Tun Sie diesen Schritt möglichst bald und lassen Sie die nächsten Schritte schnell erfolgen. Am besten machen Sie sofort für 15 bis 20 Minuten eine Tätigkeit, die Sie dem Ziel näher führt! Manchen Menschen fällt jedoch gerade der erste Schritt schwer und nach einer Weile ist dann womöglich das ganze Ziel vergessen. Doch gerade dann sollte man sich vor Augen führen, dass es danach immer einfacher wird.
Es ist wie bei einem schweren Einkaufswagen. Zu Beginn müssen Sie noch viel Kraft aufwenden, um den Wagen vom Fleck zu bewegen, doch sobald er einmal rollt, ist es ganz einfach ihn in Bewegung zu halten. Achten Sie darauf, dass Sie kontinuierlich etwas für Ihr Ziel tun!

➤ *Wollen statt müssen heißt die Devise! Verwenden Sie keine Muss-Formulierung, sonst entsteht womöglich eine Trotzreaktion. Sagen Sie besser: „Ich kann“ oder „Ich will“!*

Übung: Ziele gehirngerecht formulieren

Suchen Sie sich drei Ziele, deren Erreichung Ihnen wichtig sind. Formulieren Sie jedes Ziel nach den Wohlgeformtheitskriterien und schreiben Sie sie hier auf. Checken Sie danach noch einmal nach, ob wirklich alle Kriterien optimal erfüllt sind.

1. ______________________________

2. ______________________________

3. ______________________________

Checkliste: ist Ihre Zielformulierung positiv formuliert

- ❑ Positiv formuliert
- ❑ Konkretion, Präzision, Timing und Kontext
- ❑ Einfach und überschaubar
- ❑ Selbst kontrollierbar und initiierbar
- ❑ Konsequenzen beachten
- ❑ Keine Vergleiche
- ❑ Realistisch
- ❑ Kurze Feedback-Schleifen, messbar
- ❑ Sinnesspezifisch repräsentiert

3 Kommunikation à la NLP

Gelungene Kommunikation geht auf den Sender zurück. Er trägt die Verantwortung dafür, dass er so kommuniziert, dass die Botschaft beim Empfänger auch so ankommt, wie es von ihm beabsichtigt wird. Falls nicht, dann muss er eben etwas anderes ausprobieren, z.B. andere Worte wählen, und nicht das Gleiche immer wieder nur lauter oder deutlicher wiederholen, wie es so oft zu beobachten ist. Der Sender sollte durch genaues Beobachten der Reaktion des Empfängers oder durch Nachfragen überprüfen, ob die Botschaft so angekommen ist, wie es gewünscht war.

Kommunikation à la NLP

Ziel dieses Kapitels: Kommunikationsfähigkeiten verbessern
NLP-Kommunikationsmodell, Kommunikationsfluss, Sinnesschärfe, Kongruenz, Feedback-Kultur, Magic Number 7

Altes und neues Kommunikationsmodell

Vielleicht haben Sie das auch schon häufiger erlebt: Sie sind der Meinung, etwas klar, deutlich und eindeutig gesagt zu haben und der andere reagiert völlig anders als erwartet. Woran mag das liegen?

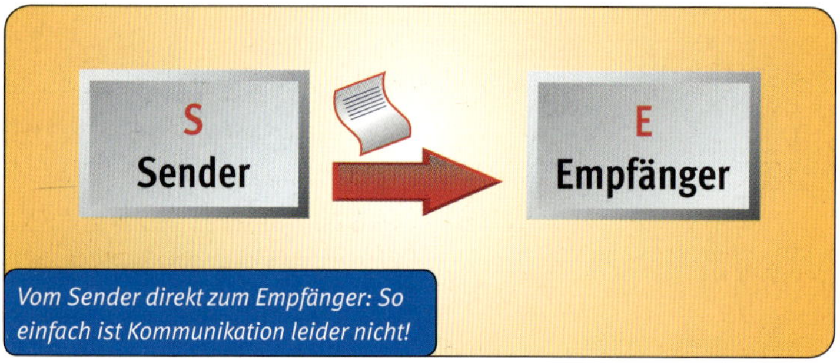

Vom Sender direkt zum Empfänger: So einfach ist Kommunikation leider nicht!

Noch heute herrscht die Annahme vor, dass Kommunikation eine sehr einfache Sache zwischen zwei Personen ist: Mensch A sendet eine Botschaft an Mensch B, bei Mensch B kommt diese Botschaft genau so an, wie Mensch A sie gesendet hat, und als Reaktion sendet Mensch B eine Botschaft zurück zu Mensch A. Das sei Kommunikation.

Würde dieses einfache Kommunikationsmodell stimmen, dann gäbe es keine Missverständnisse und keine Kommunikationsprobleme mehr! Das einfache Kommunikationsmodell Sender/Empfänger übersieht einen sehr wichtigen Faktor: Der Mensch ist ein Sinn und Bedeutung erzeugendes Wesen. Jede Botschaft wird vom Empfänger gemäß seiner Erfahrungen, Werte, Kultur, Erlebnisse, Wissen (Modell der Welt, siehe Seite 18) etc. interpretiert. Und entsprechend dieser Interpretationen reagiert er dann und sendet Botschaften zurück, die dann wiederum vom Empfänger interpretiert werden. Betrachtet man Kommunikation aus diesem Blickwinkel, dann ist sehr gut nachzuvollziehen, dass Kommunikation immer ein Abenteuer und eine Herausforderung ist!

z. B. **Ein Beispiel für misslungene Kommunikation**

„Du hast heute schöne Schuhe an.“ Stefan freut sich, dass er seiner Frau Elisa ein Kompliment machen konnte, da er weiß, wie wichtig ihr das ist. Er greift zur Zeitung und möchte sich bequem zurücklehnen. Elisa schreit Stefan wütend an: „Lass mich doch in Ruhe, und wenn es Dir nicht passt wie ich rumlaufe, dann such Dir doch 'ne andere!“. Stefan ist fassungslos. Er hat doch ein klares Kompliment ausgesprochen!

Gelungene Kommunikation setzt gute Beobachtung voraus.

Das neue Kommunikationsmodell

NLP greift diese Herausforderungen auf und macht dies in dem schon bekannten Axiom deutlich „Die Bedeutung der Kommunikation liegt in der Reaktion, die man erhält“ oder anders ausgedrückt „Es ist das kommuniziert worden, was ankommt“. Die Verantwortung für eine gelungene Kommunikation liegt also nicht beim Empfänger, sondern beim Sender. Er hat die Verantwortung, dass er so kommuniziert, dass die Botschaft beim Empfänger auch so ankommt, wie es von ihm beabsichtigt war. Dies berührt dann auch einerseits den Aspekt der Selbstverantwortung und andererseits den der Flexibilität: Denn wenn wir – aufgrund unserer geschärften Sinne – feststellen, dass eine Botschaft anscheinend nicht im gewünschten Sinne angekommen ist, dann müssen wir eben etwas anderes ausprobieren, z.B. andere Worte wählen, und nicht das Gleiche immer wieder nur lauter oder deutlicher wiederholen, wie es so oft zu beobachten ist. Der Sender kann durch genaues Beobachten der Reaktion des Empfängers oder durch Nachfragen überprüfen, ob die Botschaft so angekommen ist, wie es gewünscht war. Nachfragen, ob die Botschaft im gemeinten Sinne

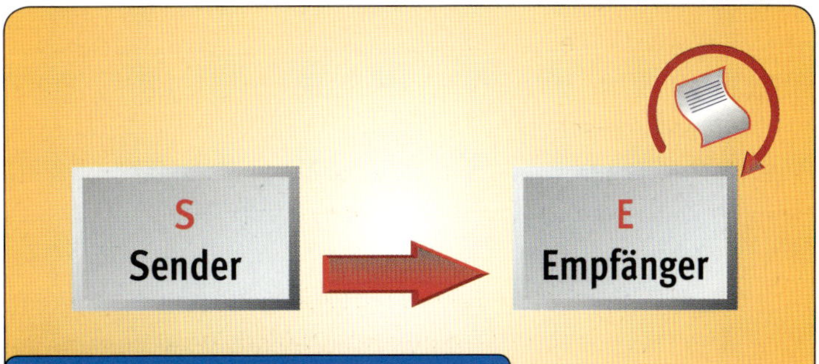

Es kommt drauf an, wie es ankommt: Der Sender ist verantwortlich für seine Botschaft.

angekommen ist, sollten wir immer dann, wenn es sich um besonders Wichtiges handelt. Wenn man z.B. mit der 10-jährigen Tochter vereinbart, dass sie um halb sechs von der Freundin nach Hause gehen und auf dem Heimweg noch das bestellte Brot vom Bäcker abholen soll. Lassen Sie sich vom Kind noch einmal die Vereinbarung wiederholen. Nur so stellen Sie sicher, dass es nicht erwartet, dass es erst um halb sechs abgeholt wird, weil Sie vorher noch zum Bäcker müssen ...

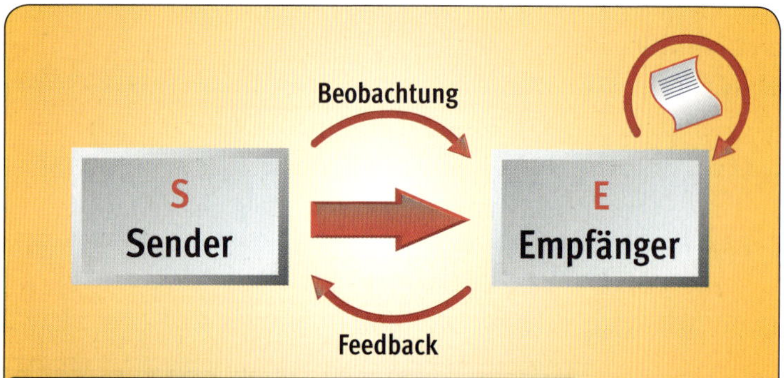

Erst durch Beobachtung und Feedback des Empfängers erfährt der Sender, ob seine Botschaft verstanden wurde.

Wenn Sie Ihrem Arbeitskollegen vor dem Urlaub ein wichtiges Projekt übergeben und bestimmte Schritte erledigt werden müssen, dann fragen Sie nach, ob diese wichtigen Punkte richtig verstanden wurden! Verwenden Sie dabei offene Fragen und keine geschlossenen, die nur mit Ja oder Nein beantwortet werden können.

Oder wenn eine Zusammenarbeit mit einer anderen Firma beginnt und die Vereinbarungen über die Kooperation getroffen werden, dann sollten diese sogar schriftlich formuliert und abgesegnet werden. Erst dann kann man sich sicher sein, dass auch wirklich das angekommen ist, was kommuniziert werden sollte!

z. B.

Ein Beispiel für gelungene Kommunikation

Was passierte bei der Kommunikation zwischen Stefan und Elisa und wie hätte sie besser laufen können? Elisa hat aufgrund ihrer bisherigen Erfahrungen und Einstellungen die gesendete Botschaft mit der Betonung auf „Heute“ interpretiert. „Du hast heute schöne Schuhe an“ – „sonst aber nicht“, ergänzt Elisa innerlich. „Sonst hast Du hässliche Schuhe an, weil Du keinen Geschmack hast.“ So hat Elisa den Satz ihres Mannes interpretiert, fühlte sich dadurch verletzt und wurde schließlich wütend.

Hätte Stefan, anstatt zur Zeitung zu greifen, seine Frau angesehen, hätte er erkennen können (Beobachtung), dass seine Frau nicht erfreut lächelt, sondern sich ihr Gesicht verfinsterte (Sinnesschärfe). Er hätte sein Kompliment noch einmal anders formulieren können, z.B. „Ja, sie sind wirklich besonders schön, sie stehen Dir sehr gut und passen gut zum dem, was Du anhast!“ (Flexibilität). Danach kann Stefan beobachten, wie sich der kritische Gesichtsausdruck langsam in ein erfreut-lächelndes Gesicht verwandelt. Er hat dafür gesorgt, dass seine Botschaft (Kompliment) so ankam, wie er es sich gewünscht hat.

Wie wir kommunizieren ist wichtig!

Das NLP-Kommunikationsmodell bietet eine sehr gute Basis bzw. ein nützliches Gerüst für gelungene Kommunikation in Beruf und Alltag. Doch um wirklich gut kommunizieren zu können, müssen wir uns bewusst machen, dass v.a. die Art und Weise wie wir kommunizieren und weniger was wir kommunizieren den Erfolg bestimmt! Kommunikation ist viel mehr als nur die Summe der Wörter, die wir verwenden. Untersuchungen weisen nach, dass mehr als die Hälfte der Wirkung durch die Körpersprache (Körperhaltung, Gestik, Mimik), ein weiterer großer Teil über die Tonalität (Stimmlage, Sprechweise) und nur ein kleiner Teil über den Inhalt, also die Wörter, erzielt wird. Nicht das, was wir sagen, überzeugt, sondern wie wir es sagen!

Die Informationsmenge, die nonverbal übertragen wird (Körpersprache und Tonalität), ist erheblich größer als der Inhalt.

Übung zur Wirkung von Körpersprache und Tonalität

Machen Sie die folgende kleine Übung – z.B. zu Hause vor dem Spiegel.

„Das ist aber ein tolles Auto" – sagen Sie diesen Satz einmal mit ...

- ... einem spöttischen Unterton und mit einer spöttischen Mimik.
- ... mit einer fröhlichen Stimme und Lächeln im Gesicht.
- ... in einer traurigen Tonlage und traurigem Gesichtsausdruck.

Und was meinen Sie? Verändert sich die Botschaft – trotz gleicher Worte?

Der Sinn einer Botschaft wird also auch in hohem Maße davon beeinflusst, wie wir sie rüberbringen. Ein Lob im zu sachlichen Tonfall oder Kritik mit einer anerkennenden Mimik kommt oft nicht als Lob oder Kritik beim Gegenüber an, sondern löst Verwirrung aus!
Wir sprechen von kongruenter Kommunikation, wenn Körpersprache, Tonalität, Mimik und der Inhalt zusammenpassen und von Inkongruenz, wenn diese nicht zusammenpassen. Gute Führungskräfte, Rednerinnen, Verkäufer und Mütter vermitteln ihre Botschaft auf sehr kongruente Weise!

Struktur vor Inhalt

Damit berühren wir einen wichtigen Punkt: NLP beschäftigt sich überwiegend mit der Struktur von Kommunikation und weniger mit dem Inhalt. Die Struktur ist das Wie und der Inhalt das Was. Wenn es darum geht, Ziele zu setzen, dann richten wir unsere Aufmerksamkeit nicht auf das Ziel an sich, sondern auf die Art und

Übung 1: Den Hörsinn schärfen

Machen Sie bitte die folgende Zwei-Minuten-Übung:
1. Schließen Sie die Augen und achten Sie auf alle Geräusche, die Sie wahrnehmen. Lassen Sie sich Zeit dafür. Zählen Sie sie innerlich auf. Sie werden erstaunt sein, wie viele unterschiedliche Geräusche um Sie herum zu hören sind, die Sie bisher noch nicht bewusst wahrgenommen haben!
2. Konzentrieren Sie sich jetzt auf einzelne Geräusche. Blenden Sie die anderen aus!
3. Nehmen Sie nun alle zusammen gleichzeitig wahr!

Übung 2: Den visuellen Sinn schärfen

1. Suchen Sie sich nun einen beliebigen Gegenstand oder Bild aus Ihrer Umgebung heraus. Das kann der Computer, ein Fahrrad, das Sofa, ein Baum oder ein Schuh sein. Betrachten Sie ihn ganz genau. Lassen Sie Ihre Augen über jeden Punkt auf der Oberfläche des Gegenstandes wandern. Nehmen Sie die Form, die Farbe und das Muster genau auf! Widmen Sie Ihre volle Aufmerksamkeit der Betrachtung dieses so alltäglichen Gegenstandes, den Sie schon oft, aber vermutlich noch nie mit solcher Intensität angeschaut haben. Achten Sie auf Details: Unterschiede in der Farbe, im Glanz, Helligkeit, Struktur etc. Wahrscheinlich entdecken Sie vieles, was Sie vorher noch nie gesehen haben!
2. Beobachten Sie nun sich selbst im Spiegel. Achten Sie auf die Details von Lippen, Nase, Falten, Sommersprossen. Denken Sie nun an etwas ganz Wunderbares, lächeln Sie innerlich. Welche Veränderungen gibt es während der Betrachtung zu beobachten? Zuckt eine Augenbraue? Werden die Lippen voller? Bildet sich ein kleines Fältchen?
Machen Sie diese Übungen immer wieder, z.B. wenn Sie auf den Bus warten, an der roten Ampel stehen oder im Cafe sitzen. Mit der Zeit werden Sie feststellen, dass Sie automatisch schärfer und genauer beobachten!

Weise, wie das Ziel formuliert ist. Daran können wir erkennen, ob das Ziel gute Chancen hat, erreicht zu werden oder nicht.
Übernehmen Sie in Zukunft selbst die Verantwortung für eine gelungene Kommunikation und achten Sie auch auf eine kongruente Vermittlung Ihrer Botschaft!

Sinnesschärfe

Wir haben festgestellt: Gute Kommunikatoren sind immer auch gute Beobachter, um beim anderen erkennen zu können, ob die Botschaft angekommen ist, oder nicht. Ein guter Beobachter ist immer derjenige, der gut geschärfte Sinne hat!

Axiom: Es gibt keinen Ersatz für geschärfte Sinne

Sicherlich geht es Ihnen auch so, dass Sie bei manchen guten Freunden auf den ersten Blick oder sogar an der Art, wie sich ihre Freundin, ihr Freund am Telefon meldet, erkennen können, ob es ihm oder ihr gut geht. Wäre es nicht schön, wenn Sie diese Fähigkeit auch bei anderen Menschen oder Situationen hätten?
Kommen wir also noch einmal auf die wichtigen Grundprinzipien zurück: Zielorientierung, Sinnesschärfe, Flexibilität und Selbstverantwortung: „Kenne Dein Ziel, sei wachsam, beobachte genau, schärfe Deine Wahrnehmung, sei flexibel in der Wahl der Wege und trage selbst Verantwortung für Deinen Weg, dann wirst Du Erfolg haben!". Für diesen Erfolg bei der Zielerreichung und vor allem auch bei der Kommunikation sind geschärfte Sinne sehr wichtig!

Auf die Nuancen achten

Sinnesschärfe ist die Fähigkeit, feine Unterscheidungen bei den Sinnesinformationen, die wir aus der Umwelt bekommen, zu registrieren. Diese feinen Unterschiede machen zu können, ist eine wesentliche Voraussetzung um gut beobachten zu können und somit wichtige Informationen zu erhalten, die es ermöglichen, eine noch bessere Kommunikation mit anderen aufzubauen.
Sinnesschärfe kann man trainieren: Gehen wir zunächst einmal alle unsere Sinne durch: Sehen, Hören, Fühlen, Riechen, Schmecken. Besonders das Sehen und Hören sind für eine gute Kommunikation von großer Bedeutung!

Genau fühlen und hören, schärft die Sinne.

Gute Kommunikatoren sind immer auch gute Beobachter

So, wie Sie gerade eben Ihre Sinne in Bezug auf die Beobachtung von Gegenständen oder sich selbst und das Hören von Geräuschen aus Ihrer Umgebung geschärft haben, können Sie dies auch bei der Beobachtung von anderen Menschen tun! Betrachten Sie von nun an Ihr Gegenüber, z.B. Ihren Arbeitskollegen, Ihre Partnerin oder Ihren Partner, Ihr Kind und Ihre Freunde ganz genau!

Wir wissen bereits: Gute Kommunikatoren sind immer auch gute Beobachter! Vielleicht haben Sie auch schon einmal einen schlechten Kommunikator erlebt? Vielleicht hat schon einmal jemand etwas erzählt ... und erzählt ... und erzählt ... und er hat Sie dabei fast gar nicht angesehen. Vielleicht haben Sie die Stirn gerunzelt oder den Kopf geschüttelt oder gelacht? Am Ende des Gesprächs wundert sich der andere, dass Sie womöglich ablehnend sind. Er wundert sich deswegen, weil er die wichtige Information durch Beobachten, ja durch einfaches Anschauen, nicht schon während des Gespräches aufgenommen hat. Ihm fehlte die Sinnesschärfe und die Aufmerksamkeit. Hätte er Ihr Kopfschütteln oder das Stirnrunzeln gesehen, dann hätte er das Gespräch verändern und somit eine ablehnende Haltung vielleicht verhindern können.

Uptime! Nach außen gelenkte Aufmerksamkeit ist wichtig für den Redenden.

Es sind jedoch nicht nur die offensichtlichen, allen sofort ins Auge springenden Dinge, auf die man bei der Kommunikation achten kann. Die geschärften Sinne richten sich auf Verhaltensweisen, auf Körpersprache, Gestik und Mimik! Wenn Sie ab jetzt mit geschärften und offenen Sinnen durch die Welt gehen, werden Sie Dinge sehen, die Sie noch nie gesehen haben und Sachen hören, die Sie noch nie gehört haben! Nutzen Sie die Möglichkeiten, die sich dadurch bieten!

Gute Kommunikatoren können sich gut auf andere einstellen

Im NLP nehmen wir aufgrund einer isolierten Beobachtung der Sprache, Gestik oder Körpersprache noch keine Bewertung oder Einschätzung vor. Jemand, der mit verschränkten Armen dasitzt, kann trotzdem ein offener und kontaktfreudiger Mensch sein. Vielleicht denkt er im Moment nur über etwas nach, vielleicht friert er, vielleicht empfindet er es so einfach als eine sehr bequeme Haltung?

Wir beobachten jedoch genau, wann und in welchem Kontext welche verbalen oder nonverbalen Verhaltensweisen der Kommunikationspartner zeigt, d.h. wir stellen uns auf den anderen ein. Dieses sich-auf-den-anderen-Einstellen wird „kalibrieren“ genannt. Beim Kalibrieren ordnen wir äußerlich beobachtbare

z. B. **Ein Beispiel für Sinnesschärfe und Kalibrieren im Job**

Meeting-Situation: Pläne und Ideen werden vorgeschlagen. Der Chef entscheidet am Ende, welche Ideen verwirklicht werden. Er sagt während des ganzen Meetings nichts, fällt dann hinterher das Urteil. Ein scharf beobachtender Mitarbeiter hat im Laufe mehrerer Meetings ein bestimmtes Muster erkannt: Immer dann, wenn der Chef einen Vorschlag gut findet, lehnt er sich zurück und starrt vor sich hin. Wenn er einen Vorschlag aber ablehnt, dann beginnt er, lange seinen Kaffee umzurühren. Seit dieser Mitarbeiter dieses Muster erkannt hat, weiß er, wann er noch überzeugender sein muss, wann er mehrere Möglichkeiten und Varianten zusätzlich vorschlagen muss: wenn bzw. solange der Chef im Kaffee rührt. Insofern ist dieser Mitarbeiter vor allem aufgrund seiner guten Beobachtungsgabe überzeugend!

Merkmale einer Person inneren Zuständen und Verfassungen zu. Dies ist gerade im Kontext der Kommunikation sehr wichtig: Wenn wir uns gut auf den anderen kalibriert haben, können wir sofort erkennen, ob die Botschaft richtig angekommen ist oder nicht! Um jedoch genau beobachten und sich kalibrieren zu können, müssen gute Kommunikatoren zuerst sehr aufmerksam sein. Im Folgenden wollen wir uns dem Thema Aufmerksamkeit näher widmen.

Sinnesschärfe und Kalibrieren erfordern Aufmerksamkeit

Wir unterscheiden zwei wichtige Zustände bezüglich Aufmerksamkeit: den uptime- und den downtime-Zustand. Wenn wir uptime sind, dann ist unsere Aufmerksamkeit nach außen, also auf das, was um uns herum geschieht, gerichtet. Wenn wir jedoch downtime sind, dann ist die Aufmerksamkeit nach innen gerichtet, d.h. wir denken nach, oder wir träumen vor uns hin.

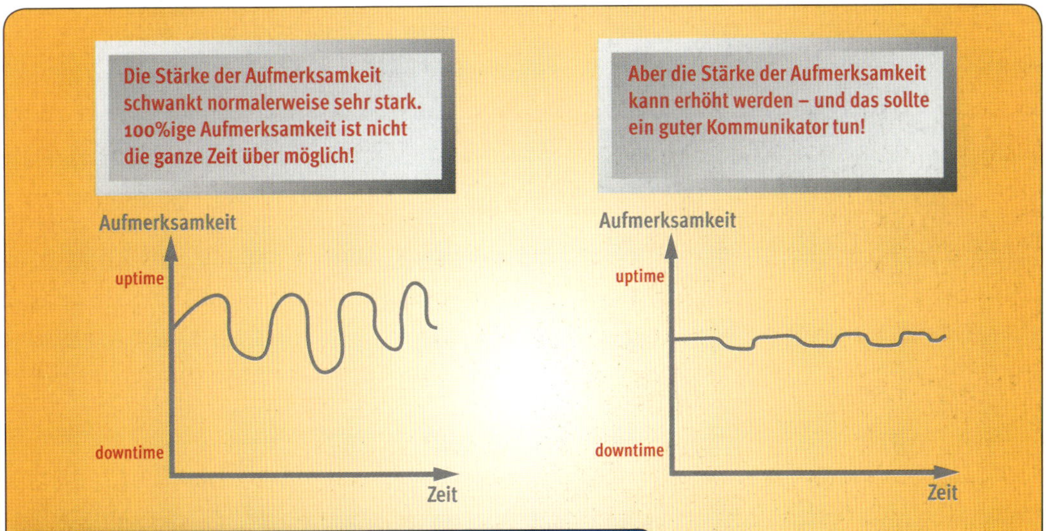

Zu lernen, die Aufmerksamkeit außen zu halten, ist ein wichtiger Schritt.

Normalerweise wechseln sich die up- und downtime-Phasen permanent ab. Ständig aufmerksam zu sein, ist unmöglich, selbst wenn wir uns noch so sehr bemühen. Aber natürlich können wir unsere Aufmerksamkeitsstärke beeinflussen: Bei einem interessanten Vortrag sind wir länger und stärker aufmerksam als bei einer langweiligen Fernsehsendung.

Ob sich jemand in einem uptime- oder downtime-Zustand befindet, kann man als aufmerksamer Beobachter sogar erkennen. Achten Sie doch bei einem Ihrer nächsten Gespräche darauf, wie Ihnen Ihr Gesprächspartner zuhört: Blickt er Sie an? Zeigt seine Mimik, dass er ganz bei Ihnen ist? Oder schweift der Blick manchmal weg, wenn auch nur für ein paar Sekunden? Das sind kurze down-time Phasen!

Blickkontakt und Mimik signalisieren: Zwischen den Beiden ist eine uptime-Phase!

Den richtigen Moment wählen

Wenn wir genau in dem Moment, in dem der andere gerade unaufmerksam ist, etwas sehr Wichtiges sagen, dann kommt die Information womöglich überhaupt nicht an! Achten Sie also unbedingt darauf, dass Sie Wichtiges nur dann kommunizieren, wenn der andere aufmerksam ist – oder wiederholen Sie es immer wieder. Achten Sie doch einmal bei sich selbst darauf: wie lange können Sie sich z.B. beim Fernsehen auf einen Film konzentrieren. Wann schweifen Ihre Gedanken zum ersten Mal vom Film ab? Und wo geht dabei Ihr Blick hin? Sie werden erstaunt sein, wie oft das passiert! Normalerweise ist das auch nicht schlimm, aber bei wichtigen Gesprächen sollten Sie möglichst aufmerksam bleiben.

Sinnesschärfe dort, wo die Aufmerksamkeit ist

Viele Dinge nehmen wir deswegen nicht wahr, weil unsere Aufmerksamkeit nicht darauf gerichtet ist. Als ich z.B. mein Auto zum „Lackdoktor“ brachte, um zwei größere Kratzer ausbessern zu lassen, fragte mich der Chef der Werkstatt: „Und wie ist es mit denen auf der Motorhaube und denen auf der Fahrertüre?“ „Wie bitte?“ war meine erste Reaktion, denn mir waren dort nie irgendwelche Schäden aufgefallen. Doch je länger und je genauer ich die Oberfläche des Autos betrachtete, umso mehr Kratzer, Dellen und Löcher fielen mir auf. Das Auto war geradezu übersät von kleinen und größeren Beschädigungen, die ich noch überhaupt nicht wahrgenommen hatte!

Für einen guten Kommunikator ist es wichtig, Aufmerksamkeit und Sinnesschärfe bei seinem Kommunikationspartner zu haben. Der Sprecher sollte immer uptime, aufmerksam und sinnesgeschärft sein, um beobachten zu können, ob der Inhalt der Botschaft wie gewünscht beim Empfänger ankommt.

➤ *Es ist wichtig, dass der Sprecher aufmerksam [uptime] ist!*

Schenken Sie gutes Feedback

Ein erstaunlich großer und in der Regel völlig unterschätzter Anteil unserer Kommunikation ist das Geben von Feedback, d.h. also die Reaktion oder die Rückmeldung oder Bewertung oder Einordnung von Verhaltensweisen, Plänen oder Haltungen anderer. Das kann die Reaktion auf die schulischen Leistungen des Sohnes, auf die Wahl des Restaurants der Partnerin, auf das Outfit der Freundin oder auch auf die Arbeitsleistung des Mitarbeiters oder Kollegen sein.

Besonders im beruflichen Kontext wird Feedback oft mit Kritik oder Lob verwechselt. Kritik hören mag keiner und kritisieren kann jeder. Wir verstehen ein qualitatives Feedback als ein großes Geschenk. „Feedback, not cornflakes, is the breakfast for champions", unter diesem Motto soll jedes Feedback stehen. Feedbacks sind dazu da, um dem anderen eine so gute Rückmeldung zu geben, dass er daraus etwas lernen kann. Doch woran erkennen wir ein qualitatives Feedback?

Zwei Kriterien sind entscheidend:

1. Wir fühlen uns nach dem Feedback gut oder gar besser und
2. wir haben dadurch etwas gelernt.

Leider sind nicht alle Menschen gleich gut im Feedback geben. Es besteht die Gefahr, dass das Feedback unsachliche, rein negative Kritik beinhaltet oder dass das Feedback nur lobt, was zwar für das Gefühl gut, aber für das Lernen schlecht ist.

Qualitatives Feedback verbessert den Lernerfolg erheblich!

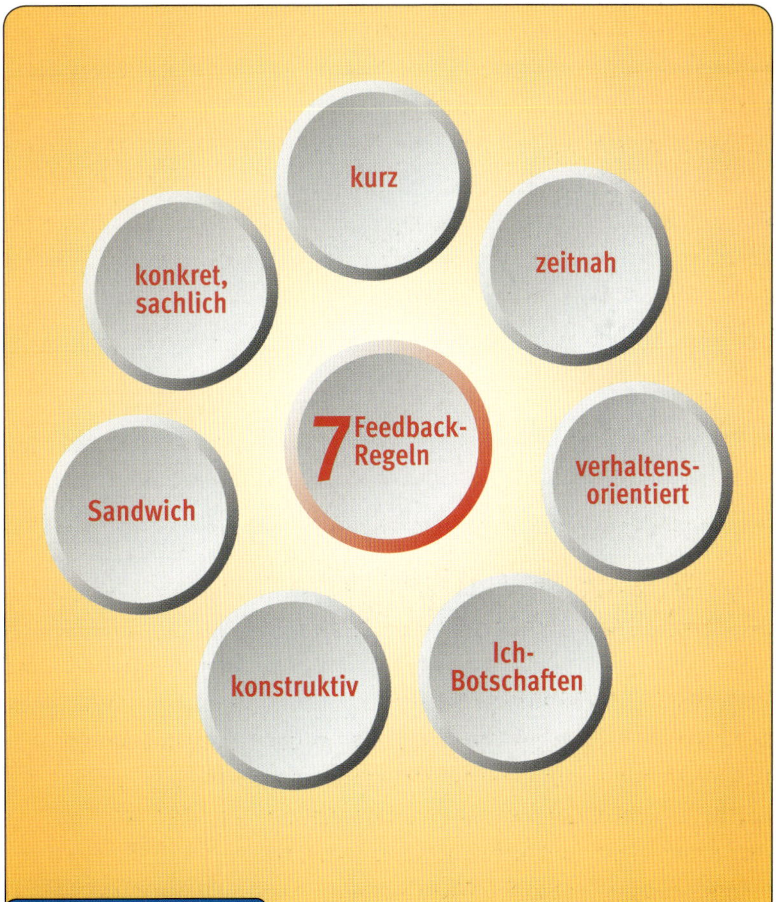

Hochqualitatives Feedback.

Regeln für den Feedback-Geber

1. **Kurz:** d.h. mündlich geäußert sollte es nicht mehr als 5 bis 9 Punkte enthalten, nicht länger als 2 bis 3 Minuten dauern.

2. **Konkret, sachlich:** Jeder Feedback-Teil sollte sich direkt, genau und spezifisch auf das Verhalten beziehen und auch benannt werden, damit der andere sofort weiß, worauf genau sich die Rückmeldung bezieht. Persönliche Angriffe haben im Feedback natürlich nichts verloren.

3. **Zeitnah:** Ein Feedback, das erst Wochen später kommt, wirkt nicht mehr so gut. Besser ist es, wenn das Feedback möglichst schnell nach der Aktivität kommt. So weiß man noch genau, worauf sich das Feedback bezieht und was genau ablief.

4. **Verhaltensorientiert:** Jedes Feedback sollte sich auf das konkrete Verhalten eines anderen beziehen und nicht auf Denkprozesse oder andere innere Prozesse. Denn es gibt zwar vermeintliche Hobby-Gedankenleser, aber hilfreich ist es nicht, weil dies letztendlich immer nur Vermutungen sind.

5. **Ich-Botschaften:** Jeder erlebt eine Situation oder einen Menschen anders. So ist auch jedes Feedback eine individuelle, subjektive Meinung eines Einzelnen und dies wird durch die Verwendung von „Ich-Botschaften" deutlich. Nicht „man" oder „jeder" findet etwas in irgendeiner Weise, sondern zunächst mal ausschließlich ICH. Der Feedbacknehmer kann es darum leichter akzeptieren.

6. **Konstruktiv:** Ein gutes Feedback sollte immer auch Tipps und Verbesserungsvorschläge enthalten. Reine Kritik hilft wenig. Besser ist es Empfehlungen zu geben, was der andere hätte anders machen oder ausprobieren können. Das löst einen Denkprozess aus, selbst wenn der Feedbacknehmer andere Möglichkeiten bevorzugt.

7. **Sandwich:** a. Deckel: Was genau war gut? b. Fleisch: Was ist zu verbessern? und c. Boden: Was war insgesamt gut?

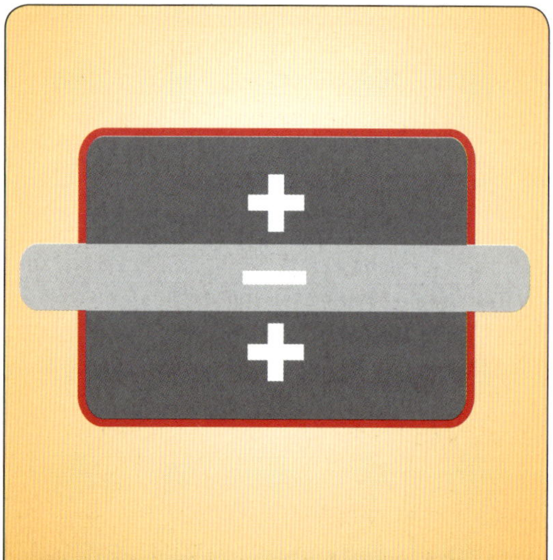

Das Sandwich macht das Feedback bekömmlicher.

Regeln für den Feedback-Nehmer

1. **Bedanken:** Feedback ist immer ein Geschenk. Wenn man sich bedankt, dann kann man es annehmen, und voll zur Entfaltung kommen lassen.

2. **Nachfragen:** Wenn etwas nicht verstanden wurde, darf nachgefragt werden. Aber rechtfertigen Sie sich nicht, verteidigen Sie sich nicht und erklären Sie auch nichts. Rechtfertigungsprozesse verhindern ein Annehmen der Botschaft und somit den Lern- und Verbesserungserfolg.

Nur wer es sich erlaubt, Feedbacks anzunehmen ohne sich gleich zu rechtfertigen, der kann wirklich davon profitieren.

z. B. **Beispiel: Mitarbeiter A und Mitarbeiter B beschweren sich beim Chef**

Mitarbeiter A: „Jetzt muss ich Ihnen schon mal sagen, dass es unmöglich ist, mit welcher Arroganz und Ignoranz Sie uns gegenüber auftreten! Wir arbeiten den ganzen Tag für Sie und diese Firma echt hart und von Ihnen kriegt man überhaupt nichts zurück! Sie sind so was von demotivierend und demoralisierend, das ist einfach schlimm [...]. Das Übelste war Ihr Verhalten auf der Tagung vor zwei Monaten, als Sie unsere Arbeit auch noch als Ihre Arbeit ausgegeben haben! Das ist einfach gemein gewesen [...]! Aber wahrscheinlich kapieren Sie nicht einmal, wovon ich spreche!"

Mitarbeiter B: „Danke, dass Sie sich die Zeit nehmen, sich mit mir zusammen zu setzen! Ich finde gut, dass Sie eigentlich immer ein offenes Ohr haben, wenn ich Sie anspreche. Und ich schätze Ihr Vertrauen in meine Arbeit, aber ich fühle mich zurzeit wenig motiviert von Ihnen, z.B. fände ich es schön, wenn Sie für geleistete Arbeit Rückmeldung geben würden oder einfach mal danke sagen würden oder zeigen, dass Sie es anerkennen, wenn ich auch nach der offiziellen Arbeitszeit noch etwas für Sie mache! So etwas würde mir wieder viel Auftrieb geben. Als Sie letzte Woche z.B. zu den Unterlagen XY bemerkt haben, dass ich da eine gute neue Idee reingebracht habe, da hat mich das sehr angespornt! Solche Gesten würde ich mir noch häufiger von Ihnen wünschen. Ansonsten fühle ich mich nämlich in Ihrer Abteilung ausgesprochen wohl!"

Was meinen Sie? Welches Feedback wird bewirken, dass sich der Abteilungsleiter im Sinne des Mitarbeiters ändern wird?

Die Kunst des Feedback-Gebens üben

Schreiben Sie zu den beiden folgenden Rückmeldungen ein kurzes Statement nach allen Regeln der Feedback-Kunst:

1. Du hast dich mal wieder gegenüber meinen Eltern völlig daneben benommen!
2. Herr Lauer, diese Präsentation war ja wohl nichts, oder? Sie waren so konfus und wirkten so inkompetent, das bin ich sonst gar nicht von Ihnen gewohnt!

Wo man überall Feedback geben kann

Feedbacks werden nicht nur explizit, wie z.B. nach einer Präsentation oder Demonstration gegeben, sondern überall:

Im Business

Gegenüber den Kollegen, dem Vorgesetzten, den Mitarbeitern, den Lieferanten, den Kunden usw. Immer dann, wenn man dem anderen eine Rückmeldung über ein Verhalten gibt. Das kann explizit sein, z.B. nach einer Präsen-

tation oder auch implizit, z.B. als Reaktion auf eine nebenher geäußerte Idee. Sie werden sehen: Wenn Sie überall dort die Feedbackregeln einhalten, dann werden Sie öfter um Rat gefragt werden und Verbesserungsvorschläge werden eher angenommen und umgesetzt.
Das mittlerweile sehr häufig eingesetzte 360° Feedback (in dem das Feedback über 3 Hierarchiestufen gegeben wird: Chef-Kollegen-Mitarbeiter. Der Chef gibt Kollegen Feedback und seinen Mitarbeitern. Mitarbeiter geben Kollegen und ihrem Chef Feedback ...) ist dann besonders hilfreich, wenn es den Feedback-Regeln entspricht. Außerdem unterstreicht der nachweislich gute Erfolg des 360° Feedbacks die Bedeutung einer hochqualitativen Feedbackkultur für die Leistung der Mitarbeiter, Abteilungen und Firmen!

Im Alltag

das neue Kleid der Freundin, das Verhalten des Sohnes, der Nachbarn, des Bäckers usw.

➤ *Wenn Sie auch im Alltag die Feedbackregeln beachten, dann werden Sie schnell bemerken, dass das eine andere, neue und sehr viel bessere Kommunikation bewirkt und Sie auch hier zu einem begehrten Rat-Geber werden!*

Wohldosierte Kommunikation: The Magic Number 7

Bevor wir dieses Kapitel abschließen, möchten wir Ihnen noch ein Geheimnis verraten – nämlich warum die Zahl 7 magisch ist!
Wir leben in einer Welt mit einer Vielzahl von Reizen und Wahrnehmungsmöglichkeiten. Müssten wir alle diese Informationen bewusst wahrnehmen und verarbeiten, wären wir vollkommen überfordert. So erfahren wir die Umwelt v.a. unbewusst. Die Kapazität unseres Bewusstseins ist sehr begrenzt, deswegen können wir nur einige wenige Informationseinheiten zugleich aufnehmen.
Schon in den 1950er Jahren hat der amerikanische Psychologe George A. Miller festgestellt und in dem berühmten Artikel „The Magic Number Seven, Plus or Minus Two" veröffentlicht, dass der Mensch nur maximal fünf bis neun Informationen oder Chunks (Stücke) gleichzeitig aufnehmen kann. Je komplexer die Informationseinheiten sind, desto weniger können verarbeitet werden.

Feedback ist keine Einbahnstraße, sondern funktioniert am besten im „Kreisverkehr".

Übung: Informationen aufteilen

Betrachten Sie bitte die folgende Zahl, und versuchen Sie, sie sich in zehn Sekunden einzuprägen! **25081989771320349**

Und? Geht nicht? Ganz klar: zu viele Informationseinheiten, nämlich 17!

Dann probieren Sie folgendes: Teilen Sie die Zahl in einige wenige, sinnvolle Einheiten auf, z.B. so: Am 25.08.1989 haben wir den 77. Geburtstag des Opas gefeiert. Wir haben 13 Hotelzimmer für 20 Gäste reserviert, die restlichen 34 Gäste fuhren abends noch nach Hause. Am nächsten Morgen verteilten wir 9 Kopfschmerztabletten.

So geht es viel leichter, denn die Zahl wurde in sechs sinnvolle Einheiten unterteilt!

Einkaufsliste (unsortiert): Milch, Eier, Schwarzbrot, Schinken, Käse, Bananen, Croissants, Butter, Brötchen, Bier, Orangensaft, Mineralwasser, Äpfel ...

Einkaufsliste sortiert:

Getränke: Milch, Orangensaft, Mineralwasser, Bier

Obst: Bananen, Äpfel

Backwaren: Schwarzbrot, Brötchen, Croissants, Mehl, Eier

Brotbelag: Schinken, Käse

Häppchen für Häppchen

Für die Kommunikation bedeutet das in der Praxis Folgendes:

1. Alle Informationen in sinnvolle Einheiten von fünf bis sechs Chunks aufteilen, egal ob in der mündlichen oder schriftlichen Kommunikation.
2. Je komplizierter die Information, desto weniger Chunks verwenden.
3. Einheiten können sein: Cluster, Betonungen, Unterstreichungen, Absätze, Aufzählungen, Farben, Formen, Reduzierung der Information auf Wesentliches usw.
4. Wichtig ist die Beachtung der 7 +/-2 Info-Einheiten überall dort, wo Informationen schnell aufgenommen werden sollen: in Meetings, Präsentationen, E-Mails, im Inhaltsverzeichnis, in Feedbacks ...
5. Aufzählungen von 12 Dingen sind nicht gehirnfreundlich (zu viele Chunks). Besser: 2 x 6 Aufzählungen.
6. Auch die Aufmerksamkeit ist auf 7 +/-2 Chunks begrenzt. Wenn wir Sorgen oder Beschwerden haben, sind ein paar Aufmerksamkeits-Chunks schon verbraucht und wir sind deswegen weniger leistungsfähig.
7. Wenn wir Neues lernen, werden durch die bewusste Ausführung einer Handlung (z.B. sinnesscharfe Beobachtung) schon einige Chunks belegt. Das bedeutet, dass wir dann vielleicht nicht mehr genügend Chunks übrig haben, um genau auf die Worte des Anderen achten zu können. Sobald Sinnesschärfe jedoch in Fleisch in Blut übergegangen ist, also unbewusst passiert, haben wir wieder genügend Chunks frei!

➤ *Weniger reden ist auch in der Kommunikation oft mehr!*

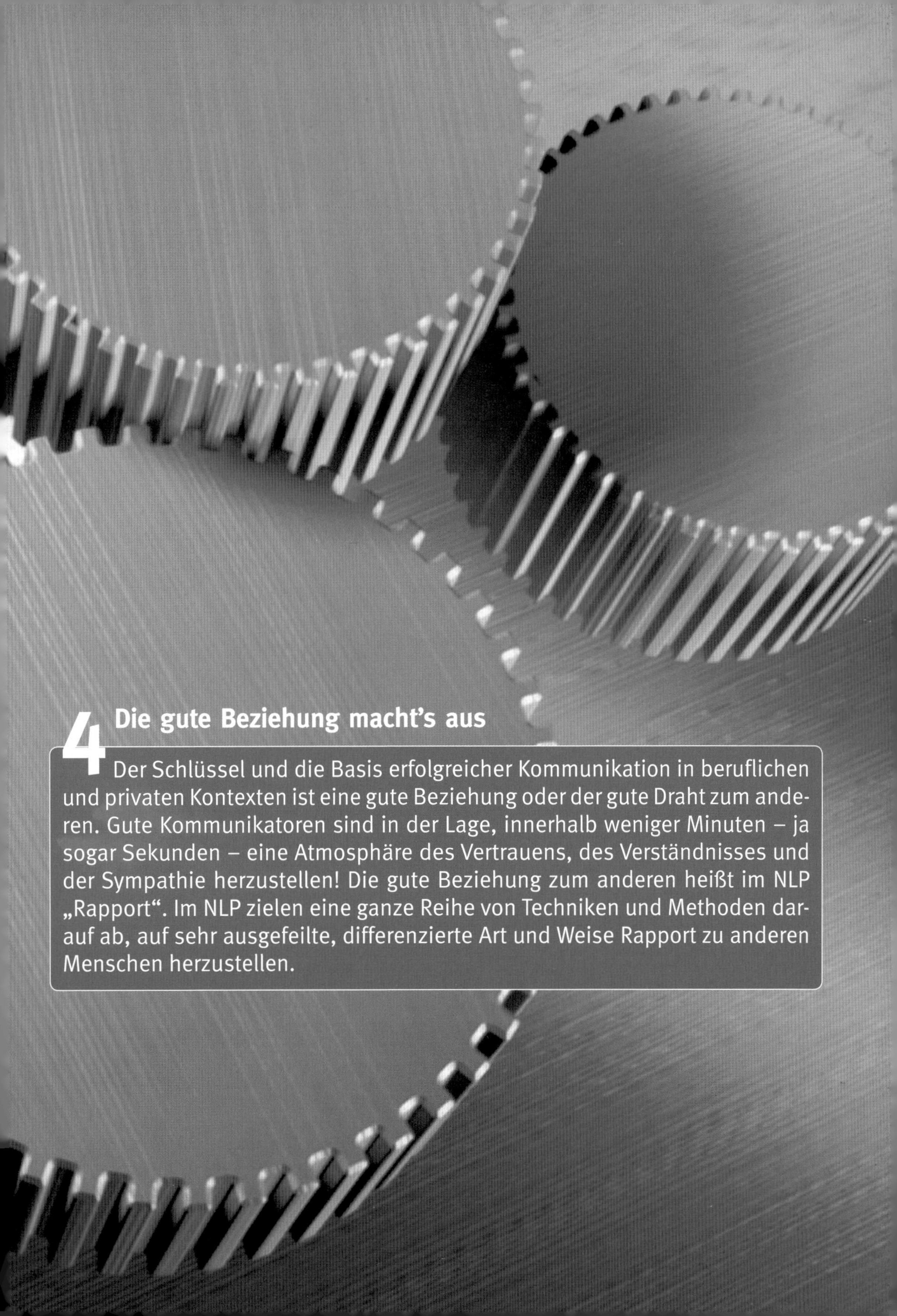

4 Die gute Beziehung macht's aus

Der Schlüssel und die Basis erfolgreicher Kommunikation in beruflichen und privaten Kontexten ist eine gute Beziehung oder der gute Draht zum anderen. Gute Kommunikatoren sind in der Lage, innerhalb weniger Minuten – ja sogar Sekunden – eine Atmosphäre des Vertrauens, des Verständnisses und der Sympathie herzustellen! Die gute Beziehung zum anderen heißt im NLP „Rapport". Im NLP zielen eine ganze Reihe von Techniken und Methoden darauf ab, auf sehr ausgefeilte, differenzierte Art und Weise Rapport zu anderen Menschen herzustellen.

Die gute Beziehung macht's aus

Ziel dieses Kapitels: schnell eine gute Beziehung zu anderen Menschen aufbauen
Kalibrieren, Pacen, Rapport, Leaden, strategische Kommunikation

Die Basis der Kommunikation: ein guter Draht zum anderen

Manche Menschen haben die Begabung, überall wo sie hinkommen, sofort Kontakt zu anderen aufzunehmen und auf sympathische Weise eine gute Atmosphäre herzustellen. Sie sind immer willkommene Gäste und gern gesehene Geschäftspartner! Diese Fähigkeit ist zwar manchen Menschen in die Wiege gelegt worden, aber es ist auch etwas, was man lernen kann – und sollte!

Denn: Das Schlüsselelement und die Basis einer erfolgreichen Kommunikation in Training, Schule, Verkauf und anderen beruflichen und privaten Kontexten ist eine gute Beziehung oder der gute Draht zum anderen. Gute Kommunikatoren sind in der Lage, innerhalb weniger Minuten – ja sogar Sekunden – eine Atmosphäre des Vertrauens, des Verständnisses und der Sympathie herzustellen! Die gute Beziehung zum anderen nennen wir „Rapport".

Sympathie kann erzeugt werden

Im NLP zielen eine ganze Reihe von Techniken und Methoden darauf ab, auf sehr ausgefeilte, differenzierte Art und Weise Rapport zum anderen herzustellen. Aber: Geht das überhaupt willentlich? Ist Sympathie nicht einfach da – oder eben nicht? Es war eine der frühen Entdeckungen von Bandler und Grinder, dass man Sympathie nicht nur erkennen, sondern sogar bewusst fördern kann!

Doch was genau können wir tun, um einen guten Draht zum anderen aufzubauen, so dass die Chemie zwischen uns stimmt? Wie können wir gezielt eine Beziehung von Vertrauen und Sympathie herstellen?

Um am leichtesten hinter dieses Geheimnis zu kommen, betrachten wir das Ganze einmal aus einer anderen Perspektive: Beobachten Sie doch einmal auf einer Konferenz oder in einem Restaurant Menschen, wie sie miteinander kommunizieren. Als NLPler können wir durch reine Beobachtung erkennen, ob sich zwei Personen gut verstehen oder nicht.

Woran genau kann man festmachen, dass zwei Menschen in einer guten Beziehung zueinander stehen?

Beobachtungen und Analysen von miteinander kommunizierenden Menschen haben ergeben, dass bei vorhandenem Rapport die Kommunikation zu fließen scheint, dass nicht nur die Worte, sondern sogar die Körper sich einander anpassen. Besonders die nonverbale Sprache (also z.B. Körperhaltung, Mimik, Gestik) gibt sehr gut Aufschluss darüber, ob zwischen zwei Menschen Rapport vorhanden ist, oder nicht. Haben zwei Personen eine ähnliche oder gar gleiche Körpersprache, dann haben sie mit großer Wahrscheinlichkeit einen guten Draht zueinander.

z. B. **Ein Beispiel für offensichtlichen Rapport**

Zwei junge Frauen sitzen sich in einem Straßencafé gegenüber und sind in ein Gespräch vertieft. Die Blonde stützt ihren Kopf auf ihre Hand auf und lacht. Die Dunkelhaarige lacht auch auf und legt ihr Kinn auf ihre Hand. Beide beugen sich nach vorne, aufeinander zu. Die Dunkelhaarige beginnt nun in ihrer Kaffeetasse zu rühren und kurze Zeit später tunkt auch die Blonde ihren Löffel in ihre Tasse und spielt mit dem Kaffee ...

Zwei junge Frauen, die sich ganz offensichtlich gut verstehen und eine sehr gute Beziehung zueinander haben!

Rapport kann man erkennen

Menschen, die Sympathie füreinander empfinden, haben das vermutlich angeborene Bedürfnis, sich dem anderen auch körpersprachlich anzugleichen. Sie folgen dem anderen, oder der andere folgt ihnen. Es ist wie ein Tanz von wechselseitiger Verständigungsbereitschaft.

Wir haben nun also gehört und festgestellt, dass Menschen, die einen guten Kontakt zueinander haben, sich körpersprachlich angleichen. Dieses Angleichen ist offensichtlich eine Folge von Sympathie. Dies haben Bandler und Grinder quasi auf den Kopf gestellt: Ihrer Meinung nach ist Angleichen nicht nur eine Folge von Rapport, sondern Angleichen führe auch zu Rapport!

Die beiden experimentierten und fanden heraus, dass das Angleichen der Körpersprache, der Gestik und Mimik („pacen“ genannt) tatsächlich dazu führt, dass eine Atmosphäre des Verstandenwerdens und Verstehens aufgebaut werden kann. Eigentlich kein neues Phänomen, in der Anthropologie ging man schon viele Jahre zuvor davon aus, dass Gleichheit Sympathie und Zugehörigkeit schafft. Bandler und Grinder haben diese Erkenntnis in das berufliche und private Alltagsleben übertragen und genutzt. Im englischen gibt es dafür sogar ein bekanntes Wortspiel: „People who are like each other, like each other“.

Der bewusste Aufbau von Rapport spielt im NLP eine zentrale Rolle, denn ein guter Draht zum anderen ist die Voraussetzung und die Basis für erfolgreiche Kommunikation und effektive Veränderungsarbeit. Jeder kennt das: Eine Person, zu der wir einen guten Draht haben, kann uns viel eher überzeugen oder Veränderung bewirken, als jemand, mit der wir nicht so gut klarkommen.

Simultanes „Hoch-die-Tassen“: Die Beiden haben einen guten Draht.

Möglichkeiten, Rapport aufzubauen

Als NLPler haben wir eine ganze Reihe von Möglichkeiten zur Verfügung, um auf den verschiedenen Kommunikationsebenen Rapport aufzubauen:
- *auf nonverbaler Ebene (Körpersprache, Gestik, Mimik ...)*
- *auf verbaler Ebene (Sprechweise, Verwendung bestimmter Sprachmuster ...)*
- *auf sonstiger Ebene (Kleidung, Werte, Hobbies ...)*

Nonverbale Ebene

Mimik:

Lächeln, Mund(-winkel), Lippen
Augen, Blicke, Blickrichtungen, Häufigkeit des Blickkontakts
Gesichtsausdruck insgesamt (eher traurig, eher positiv gestimmt u.ä.)
Augenbrauen: zusammenziehen, hochziehen (beide oder eine)
Allgemein: Stärke und Ausprägung der Mimik, immer die gleiche oder vielfältig

Gestik:

Hände und Arme (Haltung und Bewegungen)
Oberkörper (Haltung und Bewegungen)
Art und Intensität der Bewegungen (ausladend, zurückhaltend ...)
Wiederholungen, Typisches (ans Ohr greifen, Haare aus dem Gesicht streifen ...)
Berührungen des Gesprächspartners, z.B. am Arm
Spielen mit Gegenständen (Stift ...) zur Unterstreichung von Aussagen
Mit beiden Händen oder nur mit einer
Gestik eher im oberen, im mittleren oder unteren Körperbereich

Körpersprache:

Haltung insgesamt (Körper, Rücken, Nacken...)
Körperspannung
Haltung und Bewegung der Arme und Beine
Haltung und Bewegung der Hände und Füße
Haltung und Bewegung des Kopfes
Veränderung während des Gesprächs (z.B. Kopfschütteln bei eigentlich positiven Aussagen oder anders herum Nicken bei Verneinungen)
Offene vs. verschlossene Körpersprache
Ruhe vs. Unruhe (Tätigkeiten während des Gespräches ...)
Grundsätzlich stehen oder sitzen
Position beim Stehen (einbeinig, fest mit beiden Beinen im Kontakt mit dem Boden, angelehnt an Tisch/Schrank)
Kopf auf Arme aufgestützt
Armhaltung: verschränkt (auch auf dem Rücken), locker hängend
Schultern: gerade, schief, nach hinten oder vorne gezogen, Schulternzucken
Ideomotorische Bewegungen: z.B. Zucken
Insgesamt: bewegungsarm oder bewegungsreich, immer das Gleiche oder vielfältig

Die folgende Tabelle zeigt eine ganze Fülle von Möglichkeiten, was man auf verbaler, nonverbaler und sonstiger Ebene pacen kann, um Rapport herzustellen. Wenn Sie in Interaktion mit einem anderen Menschen sind, werden Sie sich jedoch immer nur zwei bis drei dieser Möglichkeiten herausgreifen und bewusst anwenden.

Verbale Ebene

Tonhöhe (Im Bereich der Tonalität könnte man sich auch gut auf die „Melodie" oder den Rhythmus des Kommunikationspartners kalibrieren)
Schnelligkeit
Wortwahl (z.B. Füll-, Fremd- und Fachwörter)
Sprachniveau/Bildungsniveau
Länge der Sätze
Sprachfluss (eher „abgehackt", viele Pausen, angenehm fließend oder „ohne Punkt und Komma")
Wiederholungen (gehört evtl. auch zur Wortwahl)
Volumen (spricht jemand „voluminös" oder „dünn"? setzt er seinen Resonanzkörper, richtige Atmung ein?)
Lautstärke
Aussprache (deutlich, Dialekt, vor allem der Dialekt kann Brücken bauen oder abreißen lassen.)
Betonung (normal oder übertrieben, falsche Betonung)
Pausen (keine, viele, wenige, lange, kurze)
Ausreden lassen oder häufig ins Wort fallen
Häufige Verwendung von Füllwörtern, wie Ähm, Hm etc.
Wortgebrauch (negativ oder positiv belegte, gefühlsbetonte, deutsche Wörter, Anglizismen, Bildsprache usw.)
häufige Wiederholung bestimmter Wörter

Sonstige Ebene

Sichthöhe (z.B. bei Kindern in die Hocke gehen oder nicht sitzen, wenn der andere steht)
Sitzordnung (z.B. Anordnung im Meeting, Stühle zueinander stellen)
Kleidung (z.B. im Business alle im Anzug/Kostüm oder eher leger in Jeans und Sweatshirt, Vereinbarung vor Workshops ob Casual oder Business, Anpassung an andere Kulturen auf Reisen, Verwendung bestimmter Marken, Moderichtungen etc.)
Frisur (streng, ordentlich, leger...)
Kosmetikartikel
Gefühle (z.B. Ärger, Wut, Trauer, Glück)
Geschichte
Interessen (Malerei, Sportart, Theaterstück/Film, Bücher, Musik, Auto)
Religionsverständnis und Werte

Wie Sie in drei Schritten Rapport aufbauen

Das Prinzip des bewussten Rapport-Aufbaus ist ganz einfach:

1. Das Gegenüber genau beobachten (Sinnesschärfe)
2. Sich dem anderen angleichen (pacen)

Sinnesschärfe

Nutzen Sie als erstes Ihre bereits geschärften und geschulten Sinne. Beobachten Sie Ihr Gegenüber hinsichtlich seiner Körpersprache, seiner Mimik, seiner Gestik.

Pacen

Gleichen Sie sich nun zunächst der Körpersprache des anderen an – oder wie es im Fachjargon von NLP heißt, pacen Sie ihn (pace heißt im englischen: Pfad, Schritt, Mitgehen. Pacing bedeutet: auf dem Pfad des anderen mitgehen, in seinem Schritt gehen): Hat er die Beine übereinander geschlagen? Sitzt er eher entspannt zurückgelehnt, oder angespannt-aufmerksam auf der Stuhlkante? Hat er einen runden oder einen geraden Rücken?

Achten Sie dann auf die Gestik und Mimik und pacen auch diese: Hat er eine ausladende und häufige Gestik oder ist er da eher zurückhaltend? Kratzt er sich an der Stirn oder zupft er an seinem Ohr? Kaut er häufig auf den Lippen herum? Runzelt er die Stirn?

Varianten des Pacing: das matching (1), mirroring (2) und crossover-mirroring (3).

1
Matching

2
Mirroring

3
Crossover-mirroring oder über Kreuz spiegeln

• Unter matching verstehen wir das 1:1 angleichen. Wenn jemand das rechte Bein über das linke geschlagen hat, dann pacet man, indem man auch das rechte Bein über das linke schlägt.

• Unter mirroring (spiegeln) wird das Angleichen auf gespiegelte Weise verstanden. Wir würden dann jemanden, der das rechte Bein über das linke geschlagen hat, pacen, indem wir das linke Bein über das rechte schlagen.

• Und beim crossover-mirroring (über Kreuz spiegeln) wird z.B. das Beinkreuzen durch das Armkreuzen gepacet.

Übung: Pacing

Beobachten Sie zunächst Personen, die offensichtlich Rapport haben, z.B. in einem Cafe oder einem Lokal. Achten Sie auf Ähnlichkeiten.

Am besten suchen Sie sich jemanden aus, der Ihnen nicht allzu nahe steht, z.B. einen Arbeitskollegen oder der Lehrer/die Erzieherin des Kindes. Sie sollten mit dieser Person ein ca. fünfminütiges, lockeres, unkompliziertes Gespräch führen können.

Pacen Sie zunächst nur die Körpersprache des anderen. Erst wenn Sie sich sicher fühlen, pacen Sie auch die Sprechweise oder Mimik. Nehmen Sie sich am Anfang nicht zu viel vor!

Achten Sie während des Gesprächs darauf, wie die Atmosphäre ist, wie Sie sich dabei fühlen und wie Sie das gegenseitige Verständnis einschätzen.

Führen Sie diese Übung mindestens zweimal durch, d.h. stellen Sie zu zwei Personen Rapport durch Pacing her. Reflektieren Sie diese Übung, schreiben Sie Ihre Erfahrungen auf: Wie hat es geklappt? Haben Sie Rapport herstellen können? Wie ging es Ihnen dabei? Was hat gut, was hat nicht so gut funktioniert?

Der Mismatcher

So nennen wir jemand, der bewusst andere Verhaltensmuster als die des Kommunikationspartners annimmt. Mismatching führt zu Rapportbruch und kann in einigen Fällen nützlich sein, z.B. wenn man ein Gespräch bewusst beenden möchte oder sich demonstrativ von anderen abgrenzen möchte.

Natürlich können auch Sie pacen!

Im Prinzip können Sie sich auf unendlich viel beim anderen einstellen und anschließend pacen. Wichtig ist, dass es natürlich wirkt. Stützt der andere sein Kinn auf die Hand auf und Sie machen das sofort nach, und das

mehrmals hintereinander, dann kommt der andere sich nicht unbedingt verstanden, sondern womöglich nachgeäfft vor, ohne es vermutlich genau benennen zu können.
Lassen Sie mindestens 10 bis 15 Sekunden verstreichen, ehe Sie sich angleichen. Pacen Sie Bewegungen etc. nicht 1:1, sondern variieren Sie ein bisschen: Streicht sich Ihr Gegenüber mit der rechten Hand das Haar aus dem Gesicht, dann streichen Sie sich mit der linken Hand über Ihr Haar. Pacen sollte immer auf eine natürliche Weise geschehen, machen Sie also nur körpersprachliche Dinge, die Ihnen liegen, denn so bleiben Sie authentisch.

z. B.

Beispiele für natürliches, unbewusstes Pacen

Wir pacen ohnehin ständig, ohne dass wir es merken:

- Wir pacen als Touristen indem wir die Gepflogenheiten eines fremden Landes respektieren und uns anpassen.
- Wenn wir ein wichtiges Treffen mit Geschäftspartnern haben, fühlen wir uns in ähnlicher Kleidung am wohlsten.
- Wenn wir uns mit Kindern unterhalten, gehen wir in die Knie um auf Augenhöhe mit ihnen zu sprechen.
- Wir passen uns sogar Stimmungen an: Wenn die Freundin gerade ein tolles Erlebnis hinter sich hat und sie begeistert und sprudelnd davon erzählt, werden wir nicht wortkarg sein und mit leiser Stimme sprechen, sondern ähnlich lebendig und aufmerksam sein. Bei einem trauernden Menschen lachen wir nicht und bei einem wütenden, aufgebrachten nahe stehenden Menschen bleiben wir nicht unberührt gelassen.

Probieren Sie das Pacen immer wieder aus!

Auch eine sehr gute Möglichkeit, die Wirkung von Pacing zu erfahren ist, genau das Gegenteil vom anderen zu machen. Fühlen Sie nach, was da passiert. Wie geht es Ihnen dabei mit dem anderen? Und was hat das für Auswirkungen auf die Kommunikation?
Rapport ist ein ganz zentrales Element im NLP. Alles beginnt damit, dass wir zum anderen Menschen Rapport aufbauen, dass wir eine Brücke zu ihm schlagen, damit unsere Botschaft gut zum anderen hinübergelangt.
Sie werden in der nächsten Zeit immer wieder erleben, dass Sie nun auch Menschen, zu denen Sie bisher noch keinen guten Draht hatten, ganz unbewusst pacen – und dass dies sehr positive Auswirkungen auf Ihre Kommunikation hat! Nutzen Sie diese neuen Möglichkeiten so oft Sie können!

Erfahrungsbericht von Christa zum Rapport im Beruf

„Seit ich das Pacing kennen gelernt habe, wende ich es ganz bewusst an meiner Arbeitsstelle an. Jedes Meeting und jedes Mitarbeiter- oder Kundengespräch beginne ich nun damit, dass ich mich meinen Kommunikationspartner angleiche und Rapport herstelle. Früher waren die Sitzungen und Meetings oft von persönli-

chen Beziehungsproblemen, Antipathien und Verständnisschwierigkeiten geprägt. Heute sind die Gespräche – egal ob es ein Projektgespräch oder ein Konfliktgespräch o.ä. ist, in der Regel konstruktiv, respektvoll und ergebnisorientiert und somit sehr produktiv. Rapport herzustellen, ist für mich eine der wichtigsten Fähigkeiten im Job geworden!"

Pacen heißt nicht nachäffen: Lassen Sie ein paar Sekunden verstreichen, bevor Sie eine Haltungsveränderung Ihres Gegenübers nachahmen.

Wie man Rapport testen kann

Wie wir ganz zu Beginn gehört haben, ist ein Anliegen im NLP, dass wir unsere Botschaften so kommunizieren, dass sie auch wirklich in unserem Sinne beim Empfänger ankommen.
Eine wichtige Voraussetzung für gelungene Kommunikation haben wir bereits kennen gelernt: den Aufbau von Rapport durch Pacing. Erst dann haben wir eine Chance erfolgreich zu kommunizieren, zu informieren, zu verhandeln, zu überzeugen oder zu lehren! Doch wir müssen uns immer fragen: Haben wir tatsächlich schon oder noch immer Rapport zum anderen?

Übung zum Rapport-Test

Wie kann man testen, ob eine Atmosphäre der Sympathie herrscht, ohne den anderen zu fragen?

Sie können das Vorhandensein bzw. die Stärke von Rapport überprüfen, indem Sie sich nicht mehr angleichen, sondern indem Sie nun beginnen, Ihre Körpersprache zu verändern. Lehnen Sie sich zurück, wenn Sie zuvor eine nach vorne gebeugte Haltung einnahmen. Öffnen Sie Ihre Arme, wenn Sie sie zuvor verschränkt hatten. Dieses bewusste Vorausgehen nennen wir im NLP körpersprachliches „Leaden“.

Warten Sie nun ab, ob Ihnen der andere innerhalb der nächsten ein bis zwei Minuten folgt, sich Ihnen also angleicht, Sie pacet. Tut er dies, dann können Sie davon ausgehen, dass die Beziehung zu Ihrem Gegenüber so gut ist, dass Sie nun Ihre wichtigen Inhalte rüberbringen, also auch inhaltlich leaden können! Beginnen Sie aber erst dann zum Kern Ihrer Verhandlung zu kommen oder wichtige Lerninhalte zu vermitteln oder Überzeugungsarbeit zu leisten oder Ratschläge zu geben oder wichtige Informationen einzuholen oder weiterzugeben, wenn Sie sich sicher sind, dass Rapport vorhanden ist! Vergessen Sie nicht, weiterhin aufmerksam und sinnesgeschärft zu bleiben! Wenn Sie einmal Rapport aufgebaut haben, so ist das jedoch keine Garantie für einen dauerhaften Rapport.

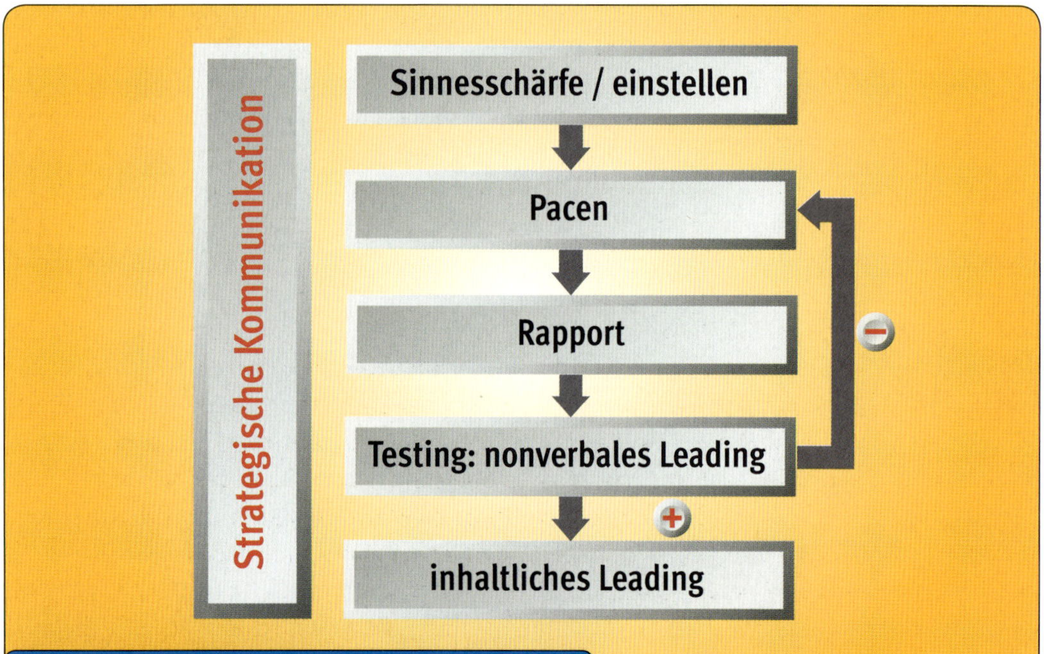

Rapport als zentrale Voraussetzung für gute Kommunikation muss immer wieder überprüft und evtl. neu hergestellt werden.

Strategische Kommunikation

Um Rapport sollte man sich permanent kümmern, denn im schlimmsten Fall kann er innerhalb weniger Minuten gebrochen sein. Als aufmerksamer Kommunikationspartner wird Ihnen dies auffallen, so dass Sie dann daran arbeiten können, dass er schnell wiederhergestellt wird. Das körpersprachliche Pacing ist hierfür ein sehr mächtiges Instrument, das Ihnen sicher schon sehr bald in Fleisch und Blut übergehen wird. Sie werden dann ganz unbewusst Rapport aufbauen.

Sollte Ihr Rapport-Test durch das Leaden ergeben, dass Ihnen der andere nicht folgt, sich Ihnen also nicht angleicht, dann ist es notwendig, dass Sie noch mehr und noch variantenreicher pacen. Probieren Sie verschiedene der Varianten aus der Kalibrierungsliste aus und versuchen Sie so lange zu pacen, bis Rapport da ist!

Übung: Leaden trainieren

Pacen Sie Ihren Chef / Freund / Ihre Kollegin / Partnerin / Ihr Kind, und wenn Sie Rapport hergestellt habe, leaden Sie. Machen Sie zunächst eine nonverbale Veränderung und warten, ob Ihr Gegenüber Ihnen folgt. Wenn nein, pacen Sie weiter. Wenn ja, wiederholen Sie es mit einer anderen nonverbalen Veränderung. Üben Sie so lange, bis Sie sich sicher fühlen und notieren Sie sich bei Bedarf Ihre Erfahrungen.

____

____

Bemühen Sie sich immer um Rapport!

Trotz aller eleganten Möglichkeiten Rapport herzustellen, kann man dies nicht erzwingen. Wenn der andere unter keinen Umständen Rapport zu Ihnen aufbauen möchte, dann können Sie noch so viel und noch so authentisch und noch so elegant pacen, es wird sich keine gute Beziehung einstellen! Wichtig ist jedoch, dass Sie alles versuchen, dass Sie nicht aufgeben, sondern selbst in scheinbar aussichtslosen Interaktionen alles dafür tun. Sie werden sehr schnell erleben, dass diese Haltung in Ihrem Privatleben genauso wie in Ihrem Berufs- und Alltagsleben eine Menge in der Beziehung zu anderen Menschen, auch in schwierigen Situationen positiv verändern wird!

➤ *Pacen (Angleichen) hilft Rapport aufzubauen – Rapport ist das Fundament für eine effektive, partnerschaftliche Kommunikation.*

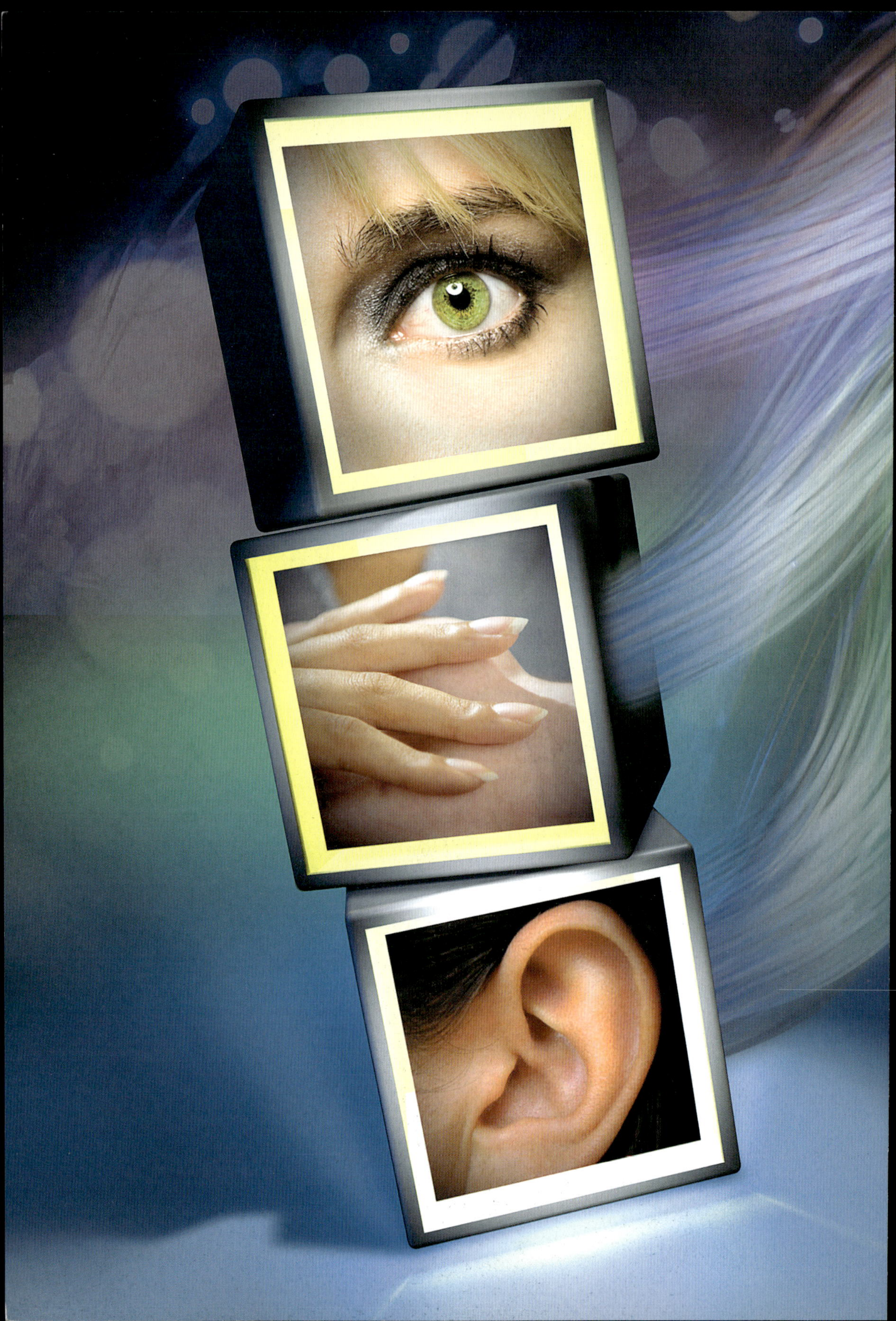

5 Jeder Mensch ist anders: die Wahrnehmungstypen

Sehen, Hören, Fühlen – auch wenn wir ständig alle Repräsentationssysteme benutzen, ohne dass es uns bewusst ist, so haben die meisten Menschen nur ein oder zwei bevorzugte Sinneskanäle! So wie das Gehirn Muster und Gewohnheiten erzeugt, ist das auch bei der Wahrnehmung. Wir achten auf unterschiedliche Dinge in unserer Umgebung und verarbeiten diese dann in bestimmten bevorzugten Repräsentationssystemen innerlich. Im NLP sprechen wir in Bezug auf die Wahrnehmung von visuellen (Sehen), auditiven (Hören) oder kinästhetischen (Fühlen) Typen.

Jeder Mensch ist anders: die Wahrnehmungstypen

Ziel dieses Kapitels: Wahrnehmungstypen erkennen und sich auf sie einstellen. VAK-Typen erkennen, Prädikate, Augenbewegungsmuster

Wie wir die Welt wahrnehmen

Manchmal kommunizieren wir mit Menschen und haben dabei das Gefühl, den anderen nicht richtig zu verstehen oder aneinander vorbei zu reden. Irgendwie tickt der andere anders als wir. Aber woran mag das liegen? Dieser und der sehr spannenden Frage „Was ist denken?“ werden wir in diesem Kapitel auf den Grund gehen. Zunächst müssen wir uns klarmachen, dass Kommunikation nur in einer Welt stattfinden kann, die wir wahrnehmen. Und die Umwelt erfahren wir über unsere fünf Sinne: Sehen, Hören, Fühlen, Riechen, Schmecken – und dazu über die Sprache. Wir haben bereits kennen gelernt, dass unsere Sinne sehr wichtig für eine gelungene Kommunikation sind, und je mehr wir über sie wissen, desto besser können wir mit ihnen arbeiten und die Erkenntnisse für unsere interne und externe Kommunikation einsetzen.

Bei den Übungen im Kapitel zur „Sinnesschärfe“ ging es weniger darum, zu lernen ständig mehr zu sehen oder zu hören als bisher, sondern vielmehr um die verfeinerte Wahrnehmung kleiner Unterschiede. Bevor wir tiefer in das Thema Wahrnehmung einsteigen, füllen Sie bitte den folgenden Fragebogen aus und lesen erst dann im Kapitel weiter.

Fragebogen

Bitte füllen Sie den Fragebogen aus, indem Sie zu jeder Frage das Feld ankreuzen, das am ehesten auf Sie persönlich zutrifft. Zu jeder Frage darf es also nur ein Kreuz geben. Eine Auswertung folgt auf S. 77.

Bei Entscheidungen orientiere ich mich eher ….

- ❑ an meinen Gefühlen, ob ich mich damit wohl fühle.
- ❑ danach, welche Lösung für mich am besten klingt und ich vor mir selbst am besten vertreten kann.
- ❑ daran welche am besten und klarsten aussieht.

Einen guten Redner schätze ich….

- ❑ wegen seiner Stimme und Sprechweise.
- ❑ wenn seine Darstellung ein klares Bild ergibt.
- ❑ wenn er mich emotional berührt.

Wenn ich über einen Sachverhalt / Problem nachdenke, …

- ❑ stelle ich mir die Situation bildhaft vor.
- ❑ diskutiere ich mit mir selber und spreche alles innerlich durch.
- ❑ gehe ich auf und ab oder spiele die Situation schon mal durch.

In einem Seminar ist für mich am wichtigsten …

- ❑ die übersichtliche Visualisierung.
- ❑ die ausführliche Besprechung des Sachverhalts durch den Referenten.
- ❑ die praktischen Übungen, um den Zusammenhang selbst zu erfahren.

Wenn ich an einen guten Freund denke …

- ❑ sehe ich als erstes sein Bild vor meinem geistigen Auge.
- ❑ habe ich ein angenehmes Gefühl und schöne Erinnerungen an gemeinsame Erlebnisse.
- ❑ spreche ich innerlich mit mir über ihn und kann mich an gute Gespräche mit ihm fast wörtlich erinnern.

Um Daten besser behalten zu können, …

- ❑ diskutiere ich den Stoff mit mir selber und lerne ihn zum Teil auswendig.
- ❑ zeichne ich mir ein Schema oder Skizze auf.
- ❑ übe ich es anhand praktischer Beispiele.

Um mich zu motivieren, …

- ❑ bringe ich mich körperlich in einen Powerzustand (aufrecht und voller Spannkraft).
- ❑ stelle ich mir meinen Erfolg lebhaft (farbig, 3D oder als Film) vor.
- ❑ rede ich mir selbst Mut und Stärke zu.

Was ist denken?

Über Wahrnehmung und unsere Sinne gibt es viel zu sagen und zu lernen! Beginnen wir mit einer Frage, bei der Sie sich bestimmt sagen: „Klar kann ich die beantworten!" – sich dann aber vermutlich sehr schwer tun, die Antwort in Worte zu fassen! Die Frage ist: „Was ist denken?"

Im NLP sagen wir, „denken" ist der innere Gebrauch der Sinne. Denn wenn wir denken, dann machen wir uns innere Bilder oder wir hören oder fühlen innerlich etwas oder wir sprechen mit uns.

Interne Verarbeitung von äußeren Informationen

Diese Antwort enthält noch ein weiteres im NLP sehr wichtiges Element: Wir nehmen die Informationen aus unserer Umwelt nicht nur über unsere fünf Sinne wahr, sondern wir verarbeiten und repräsentieren diese Eindrücke auch innerlich mit unseren Sinnen bzw. den drei Hauptsinnen: Sehen, Hören, Fühlen. Dazu kommt noch der innere Dialog, der ein wichtiger Faktor bei der internen Verarbeitung von äußeren Reizen ist. Dieser Dialog wird auch als innere Stimme bezeichnet.

Im NLP werden diese Sinne als Repräsentationssysteme oder Sinneskanäle bezeichnet. Sie geben Aufschluss darüber, wie wir die Informationen, die wir über unsere Sinneskanäle aufnehmen, innerlich verarbeiten bzw. repräsentieren und im Gehirn verschlüsseln.

Vielen Menschen ist es gar nicht bewusst, dass sie auch innerlich die Sinne nutzen. Aber es ist eine wichtige Voraussetzung für NLP, dass wir uns unbewusst ablaufende Prozesse zunächst bewusst machen, um dann gezielt Veränderungen vornehmen zu können, die einer besseren Kommunikation oder einem gesteigerten persönlichen Wohlbefinden dienen.

Übung: Die eigenen Repräsentationssysteme bewusst werden lassen

Denken Sie an Ihren letzten Restaurant- oder Kneipen-Besuch: Vielleicht sehen Sie ein Bild oder einen Film vor Ihrem inneren Auge. Oder Sie hören innerlich Gespräche oder hören die Musik von dort oder Sie sagen sich, dass das Essen gut war. Vielleicht schmecken Sie sogar innerlich das Essen oder Ihr Getränk. Sagt Ihre innere Stimme etwas (z.B. „Das gefällt mir dort!")? Oder fühlen Sie, wie Sie auf den Stühlen des Lokals sitzen?

Bevorzugte Wahrnehmungskanäle und -typen

Wir benutzen ständig alle Repräsentationssysteme, ohne dass es uns bewusst ist, und zwar nicht nur extern (wenn wir also Infos aus der Umwelt aufnehmen), sondern auch intern (wenn wir also denken und die Infos verarbeiten).

Doch auch wenn wir zwar alle Repräsentationssysteme nutzen, so haben die meisten Menschen nur ein oder zwei bevorzugte Sinneskanäle! Wie wir ja schon wissen, erzeugt das Gehirn Muster und Gewohnheiten, und das ist auch bei der Wahrnehmung so. Das äußert sich darin, dass wir auf unterschiedliche Dinge in unserer Umgebung achten und diese dann in

bestimmten bevorzugten Repräsentationssystemen innerlich verarbeiten.
Im NLP sprechen wir von visuellen (Sehen), auditiven (Hören) oder kinästhetischen (Fühlen) Typen. Bevor wir uns auf die einzelnen Typen – und wie sie „ticken" – konzentrieren, kommen wir noch einmal zu uns selbst zurück.

Welcher Typ sind Sie?

Vielleicht haben Sie sich eben gefragt, welcher Typ Sie selbst wohl sind? Dann werfen Sie doch einen Blick auf den Fragebogen auf Seite 75, den Sie ausgefüllt haben. Bei welcher Farbe ist am häufigsten ein Kreuz?

- Rot: Sie sind ein visueller Typ
- Blau: Sie sind ein auditiver Typ
- Grün: Sie sind ein kinästhetischer Typ

Natürlich muss nicht nur ein Repräsentationssystem stark dominieren, in der Regel gibt es aber zumindest einen schwach ausgeprägten Kanal und ein oder zwei stärker ausgeprägte. Sie können also durchaus auch ein V/K-Typ sein! Was dies genau bedeutet, erfahren Sie auf den nächsten Seiten.

Was die Typen unterscheidet

Als visueller Typ werden Sie bei einem Gedanken an Ihren letzten Urlaub vermutlich ein inneres Bild sehen, als auditiver Typ werden Sie innerlich etwas hören, z.B. die Urlaubsmusik, das Meeresrauschen, das Zirpen der Grillen etc. und als kinästhetischer Typ werden Sie sich z.B. an das wohlige Gefühl in der Sonne zu liegen, erinnern.
Je nachdem welchem Typ wir angehören, hat das nicht nur Auswirkungen auf die Art wie wir denken, sondern auch auf das, worauf wir in unserer Umwelt in erster Linie achten (z.B. beim Autokauf oder auch beim Flirten) oder welche Vorlieben, Hobbies oder Bedürfnisse wir haben.
Die Liste auf der nächsten Seite zeigt eine Gegenüberstellung, wie die einzelnen Typen in ihrer Reinform so „drauf" sind!

Ein und derselbe Ort kann ganz unterschiedlich wahrgenommen werden.

	Visueller Typ	Auditiver Typ	Kinästhetischer Typ
Lernen in Seminaren oder in der Schule	Grafiken, Handouts, Bilder, Medien, Flipcharts	Struktur, Erklärungen, Vergleiche, Diskussion	Übungen, Beispiele, Gruppenarbeiten
Learning by	... watching	... listening	... doing
Entspannung / Hobbies	TV, Tagträume, Phantasiereisen, Magazine lesen, rumschauen	Musik, Lesen, Stille, Talkshows, Hörbücher	Sport, Faulenzen, Sauna, Wellness
Typische Berufe	Architekt, Maler, Fotograf, Grafiker	Musiker, Journalist, Schauspieler, Moderator	Sportler, soziale Berufe
Telefonnummern merken	Sieht die Nummer vor seinem geistigen Auge. [die Nr: 860 391 sieht ganz anders aus als die Nr.: 86 03 91]	Spricht die Nummer in einem bestimmten Rhythmus. [Die Nr. acht sechs null, drei neun eins hört sich ganz anders an als sechsundachtzig, null drei, einundneunzig]	Kann die Nummer eintippen ohne über sie nachdenken zu müssen. [Und ist völlig verwirrt, wenn er bei der Uroma ein Telefon mit Wählscheibe benutzen soll.]
Tonalität der Sprache	Abgehackt, hohe Stimme, schwallartig	Melodisch, rhythmisch, moduliert	Ruhige, tiefere Stimme, gleichmäßig
Tempo der Sprache	mittelschnell	schnell	langsam
Gesten	Oben (Kopf/Brust-Bereich)	Sparsam und Gesten mittig (Bauch-Bereich)	Gesten unten (Hüfthöhe), viele Selbstberührungen
Verarbeitungstempo von Informationen	schnell	mittel	langsam
Verarbeitungstiefe	flach, nicht so detailverliebt	mittel	tief

➤ *Das Wissen, dass es unterschiedliche Typen gibt, hilft uns, die Mitmenschen besser zu verstehen, auch wenn man selbst zu einem anderen Typ gehört. Das Akzeptieren der unterschiedlichen Wahrnehmungs- und Verarbeitungstypen ist ein sehr wichtiger Schritt für ein besseres Miteinander und für gegenseitiges Verständnis – egal ob in Beruf oder Alltag!*

Erkenne den Typen und pace ihn!

Für uns NLPler ist es nun ganz wichtig, erkennen zu können, zu welchem Typ unser Gegenüber gehört, um uns besser auf ihn einstellen zu können und vor allem um ihn besser pacen zu können.

Wir haben ja bereits festgestellt, dass man nicht nur Körpersprache, Mimik und Gestik pacen kann, sondern dass es noch weitere Möglichkeiten gibt, sich auf den anderen einzustellen. Das Pacen der Wahrnehmungstypen ist eine sehr elegante und wirkungsvolle Methode. Dadurch sind wir in der Lage, Rapport durch Pacen der Denkstrukturen herzustellen!

Doch wie können wir herausfinden, welchem Repräsentationssystem-Typ mein Kommunikationspartner angehört? Einen Fragebogen kann man normalerweise nicht verteilen. Im NLP kennen wir aber einige Möglichkeiten, durch unsere geschärften Sinne den Wahrnehmungstyp herauszufinden. Zwei dieser Möglichkeiten werden wir in diesem Kapitel kennen lernen.

Erinnern wir uns an eines der Grundthemen des NLP, das schon im Namen enthalten ist: die Sprache. Wie schon öfter angemerkt spiegelt die Sprache unsere Denkstrukturen wider und da Denken der innere Gebrauch der Sinne ist, ist es nicht verwunderlich, dass Bandler und Grinder erkannten, dass man anhand der Auswahl und Verwendung bestimmter Wörter sagen kann, welchem Wahrnehmungs-Typ jemand zuzuordnen ist.

z. B. **Ein Beispiel für unterschiedliche Wahrnehmungstypen**

Lesen Sie bitte, wie die drei Freunde Vincent, Anton und Konrad ihren Freundinnen das Hotel beschreiben, in dem sie gemeinsam ein verlängertes Wochenende verbrachten:

- Vincent: „Es war so schön! Wir hatten eine ausgezeichnete Aussicht, es gab so viel Natur zu sehen, so weit das Auge nur blicken konnte! Die ganze Umgebung war einfach malerisch. Aus meiner Sicht eines der schönsten Hotels, die ich je gesehen habe!"
- Anton: „Also eines muss ich da schon sagen: Für mich hören sich deine Beschreibungen übertrieben an! Denk doch mal an die lärmende Gruppe von Jugendlichen, die die ganze Nacht so laut waren und morgens wurden wir dann von dem Gebimmel der Kuhglocken geweckt! Ich dachte, mir fallen noch die Ohren ab! Ich hätte es ansprechender gefunden, wenn wir mehr Stille und Ruhe hätten genießen können!"
- Konrad: „Ach, ich habe das eigentlich eher wie Vincent empfunden! Ich habe mich dort total wohl gefühlt. Ich finde, es gibt nichts wohltuenderes als nach einer ausgiebigen Bergtour die müden Knochen im Wellness-Bereich wieder aufzupäppeln. Ich konnte jedenfalls so richtig entspannen und meine Seele baumeln lassen!"

Vincent und Konrad fuhren mit ihren Freundinnen Victoria und Kerstin im nächsten Urlaub wieder ins Wellness-Hotel „Alpenblick", während Anton es vorzog mit seiner Frau Andrea in das einsam gelegene Hotel „Waldesruh" zu fahren.

Was sagt uns diese Geschichte? Vincent, Anton und Konrad gehören ganz offensichtlich unterschiedlichen Wahrnehmungs-Typen an, denn sie nahmen dasselbe Hotel unterschiedlich wahr und achteten auf ganz unterschiedliche Dinge. Das unterstreicht im übrigen auch wieder das so wichtige NLP-Axiom: jeder konstruiert sich seine Wirklichkeit, jeder hat ein eigenes Modell der Welt!

Prädikate verraten den Typ!

Die Repräsentation ihrer Wahrnehmungen äußert sich in der Sprache, die sie benutzen, um etwas zu beschreiben. In dem beschriebenen Hotelbeispiel ist es nicht allzu schwierig herauszufinden, welchem Typen Vincent, Anton und Konrad angehören. Achten Sie auf die Worte die die drei verwenden und worauf ihr Aufmerksamkeitsfokus liegt! Die Hinweisworte, die auf einen bestimmten Kanal oder Repräsentationssystem hindeuten, nennen wir Prädikate oder Prozessworte.

Im Folgenden finden Sie einige Prädikate, die die einzelnen Typen bevorzugt verwenden.

Beschreiben Sie, was Sie mit diesem Bild assoziieren.

Visueller Typ	Auditiver Typ	Kinästhetischer Typ
Schauen, sehen, betrachten, beobachten, keine Vorstellung haben von, Überblick, Durchblick haben, mir geht ein Licht auf, die Sache durchschaut, im Bilde sein, das seh ich nicht so, das sieht gut aus, Blickwinkel, das seh ich anders, das muss ich erstmal anschauen, über den Tellerrand sehen, das sticht mir ins Auge, das kann ich mir nicht vorstellen, das geht über meinen Horizont, Einblick, so betrachtet, so gesehen ..., das sieht gut so aus, darf ich Ihnen mal was zeigen, im Hinblick auf ..., Blicke sagen alles, sichtlich, übersehen, am Horizont, transparent, klar, Perspektive, nachsehen, scheinbar, ins Auge fassen, ausmalen, die Augen offen halten, schwarzsehen, verschwommen, leuchtend, strahlend ...	Reden, diskutieren, hört sich gut an, die Macht des Wortes, mir tun die Ohren weh, das spricht mich an, erklär mir das, sich erinnern, etwas versprechen, das ist ein Wort, ein Mann ein Wort, das lässt sich gut hören, klingt gut, Ohrenschmaus, mit Ach und Krach, ich kann das nicht mehr hören, erzähl doch mal, ich höre mir das mal an, Rasselbande, hör zu!, mach Deine Ohren auf, da klingelt's bei mir, wie Musik in den Ohren, Vorschlag machen, jetzt kracht's, tratschen, es ist unüberhörbar, bin ganz Ohr, lass mich ausreden, es rauscht im Blätterwald, es knistert, erzähl mir nichts, leise treten, es klingelt, wer sagt das, ich komme nie zu Wort, sagen, fragen, schwatzen ...	Fühlen, spüren, packen, greifen, aalglatt, in den Griff bekommen, das empfinde ich anders, das ist etwas Handfestes, das kann ich begreifen, nimm's leicht, Mitgefühl, das ist ein heißer Typ, wie ein Stich ins Herz, das schlägt mir auf den Magen, das fühlt sich gut an, zarter Mensch, davor graust mir, zum Kotzen, ich glaub mich tritt ein Pferd, rumhängen, durchhängen, das ist ja zum Haare raufen, damit geht's mir nicht gut, das bricht mir das Herz, hier muss sich was bewegen, zum dahin schmelzen, er ist ein kalter Typ, gefühlvoll, es läuft mir heiß und kalt runter, kuschelig, Kribbeln im Bauch, das macht mir Kopfschmerzen, das geht mir auf die Nerven, das liegt mir im Blut, das macht mich an, warmherzig, er hat Fingerspitzengefühl ...

Halten wir fest: es gibt unterschiedliche Typen, wir haben kennen gelernt wie sie ticken, und wir haben gelernt, dass man sie anhand von Prädikaten erkennen kann! Doch was tue ich als NLPer nun mit dieser Erkenntnis, welchen Einfluss hat das auf die Verbesserung der Kommunikationsfähigkeiten?

Auch Augenbewegungen verraten den Typ!

Es gibt noch eine weitere Möglichkeit herauszufinden, welchem Typ ein Mensch zuzuordnen ist bzw. in welchem Repräsentationssystem er sich gerade befindet: die Augenbewegungsmuster, Blickrichtungsmuster oder Augenzugangshinweise.

Lassen Sie uns ein kleines Experiment machen, stellen Sie sich Folgendes vor: Was sehen Sie, wenn Sie aus dem Fenster Ihrer Küche schauen? Beschreiben Sie möglichst genau was Sie sehen! Während Sie sich den Ausblick aus dem Küchenfenster vergegenwärtigen, werden Sie Ihren Blick entweder nach oben richten oder starr geradeaus schauen, also defokussieren. Habe ich recht?

Je nachdem in welchem Repräsentationssystem wir uns gerade befinden, folgen unsere Augenbewegungen einem bestimmten Richtungsmuster: visuell ist der obere Bereich, auditiv der mittlere und kinästhetisch sowie der innere Dialog befinden sich im unteren Bereich.

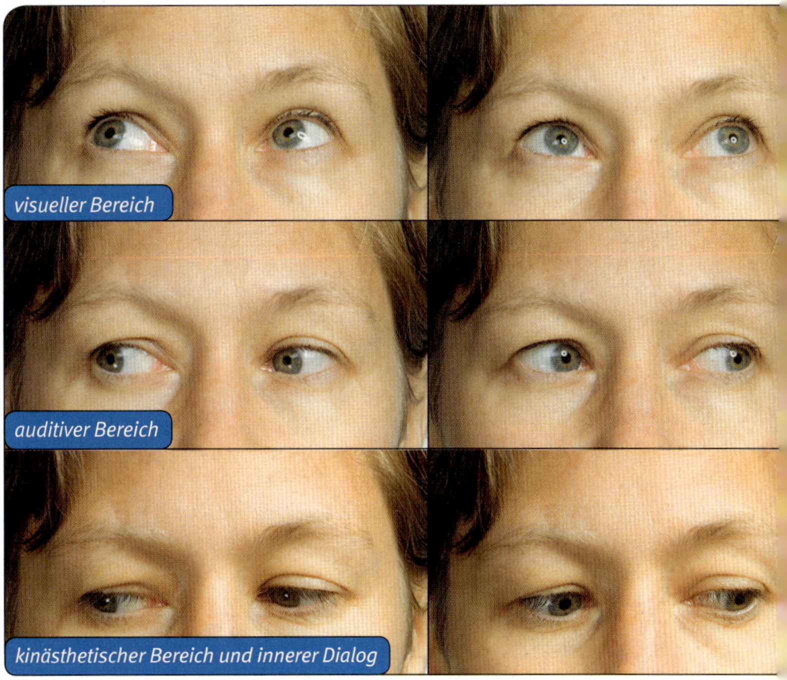

Auf diese Weise können Sie durch genaue Beobachtung des anderen erkennen, welchen Kanal er gerade verwendet. Anhand der Augenbewegungen können Sie sogar noch mehr erkennen. Sie können sehen, ob der andere gerade ein erinnertes Bild abruft oder ob er ein Bild konstruiert.

Bei einem normalen Rechtshänder befindet sich der erinnerte Bereich diagonal zu seiner Schreibhand: also aus den Augen des Schreibers heraus auf der linken Seite. Oder wenn Sie einem Rechtshänder gegenübersitzen und ihn betrachten, auf der rechten Seite.

- Schaut Ihr Gegenüber also nach rechts oben, dann wissen Sie: Er sieht gerade ein erinnertes Bild oder einen erinnerten Film vor sich. Schaut er aber von Ihnen aus nach links oben, dann konstruiert er ein Bild oder einen Film.

- Genauso ist es mit dem auditiven Kanal: Bewegen sich die Augen mittig nach rechts, dann erinnert er sich innerlich an Gespräche, Reden, Stimmen, Klänge, Lieder. Bewegen sich die Augen mittig nach links, dann konstruiert er sie.
- Den kinästhetischen Kanal können Sie daran erkennen, dass der Blick nach links unten geht. Dort sind die Empfindung und das Gefühl angesiedelt. Der Blick unten rechts deutet auf einen inneren Dialog hin.

Durch genaues Beobachten der Augenbewegungsmuster können Sie erkennen, welchem Wahrnehmungstyp Ihr Gegenüber zuzuordnen ist. Blickt Ihr Gesprächspartner beispielsweise mehr als die Hälfte der Zeit während Ihres Zusammenseins nach oben, dann können Sie sicher sein, dass er ein stark visueller Mensch ist. Oder gehen seine Augen meist nach rechts unten, dann ist er ein sehr gefühlsbetonter, kinästhetischer Mensch.

Bevor wir auf den Nutzen der Kenntnis des Wahrnehmungstyps kommen, wollen wir noch ein wenig bei den Augenbewegungsmustern bleiben.

Durch gute Fragen die Augen lenken

Die Erkenntnis, dass je nach gerade verwendetem Repräsentationssystem die Augenbewegung in eine bestimmte Richtung geht, weckt natürlich den Forscher und Experimentierer in uns und sicherlich werden auch Sie ausprobieren wollen, ob das mit der Blickrichtung seine Richtigkeit hat. Das ist gut so, also probieren Sie es gleich aus.

Wichtig ist, dass Sie Fragen stellen, die einen Denkprozess auslösen – nur dann werden Sie Augenbewegungen erkennen können. Wenn Sie z.B. fragen: „Welche Haarfarbe hast Du?“ wird das höchstwahrscheinlich kein Nachdenken erfordern, sondern es wird sofort geantwortet. Wenn Sie dagegen fragen „Welche Farbe hatte das Sofa Deiner Eltern, als Du noch ein Kind warst?“ Dann wird ein kurzer Moment des Überlegens stattfinden und sich die Augen nach oben bewegen. Die einzelnen Fragen müssen so klar und eindeutig sein, dass sie tatsächlich die erwünschte Blickrichtung initiieren.

Visuell konstruiert: der rosa Elefant.

Fragen, die eine bestimmte Blickrichtung auslösen können

Visuell konstruiert	Wie sieht ein rosa Elefant aus? Wie siehst du selbst mit grünen Haaren aus?
Visuell erinnert	Wie sieht das Sofa deiner Eltern aus, als du noch kein Kind warst? Öffnet sich die Tür zu deiner Toilette/Bad nach links oder nach rechts?
Auditiv konstruiert	Wie klingt dein Name auf englisch/französisch? Wie hört sich dein Name rückwärts gesprochen an?
Auditiv erinnert	Wie hört sich die Stimme deiner Mutter an? Wie klang die Pausenglocke in Deiner Schule?
Kinästhetisch	Wie fühlt sich Katzenfell an? Wie fühlt es sich an, barfuß durch warmen Sand zu gehen?

Unverzichtbar: scharfe Beobachtung

Bei all diesen Fragen ist es völlig egal, was die Antwort ist, es kommt nur darauf an, die Augenbewegungen während des Denkprozesses zu beobachten. Da müssen Sie äußerst aufmerksam sein, die Blicke schießen oft blitzschnell in die bestimmte, gewollte Richtung! Manchmal kommt es auch vor, dass die Augen sich zuerst in eine andere, „falsche" Richtung bewegen und dann erst in die beabsichtigte. Das kann daran liegen, dass zunächst eine bestimmte Repräsentation notwendig ist, um Zugang zum gewünschten Kanal zu bekommen. Dieses erste Repräsentationssystem wird Lead-System genannt. Nehmen wir das Beispiel „Wie hört sich die Stimme Deiner Mutter an?". Womöglich gehen die Augen zuerst nach oben und dann erst mittig nach rechts. Der Grund liegt daran, dass zunächst das Bild von der Mutter hervorgerufen werden muss, um dann die Stimme hören zu können. In diesem Falle ist das Lead-System das visuell Erinnerte.

Bei einigen Menschen ist es so, dass sie die Augen immer zuerst in eine bestimmte, immer gleiche Richtung bewegen und dann erst in die beabsichtigte. Dies nennt man Lead-System, da es immer als erstes verwendet wird. Das Repräsentationssystem, welches am häufigsten verwendet wird, nennt man das primäre Repräsentationssystem.

Es gehören einige Übung und vor allem die richtigen Fragen dazu, Augenbewegungen in bestimmte Richtungen lenken zu können. Letztlich ist das nur eine Spielerei oder ein nettes Ausprobieren, denn einen echten Nutzen hat es nur in ganz seltenen Fällen. Viel wichtiger ist es, genau zu beobachten, in welchen Kanälen sich der andere bevorzugt aufhält!

Augenbewegungsmuster beobachten

Schauen Sie einmal ganz aufmerksam fern, und zwar am besten eine Diskussionsrunde oder noch besser: eine Interviewsituation, wo ein oder zwei Personen länger Rede und Antwort stehen. Achten Sie auf die kleinen Denksequenzen beim Befragten und beobachten Sie seine Augen. Wenn Sie mögen, stricheln Sie die verwendeten Kanäle mit. Wie oft schaut er nach oben, wie oft mittig und wie oft nach unten. Dort wo die meisten Striche sind, ist er als Wahrnehmungstyp zuzuordnen.

Der Umgang mit den verschiedenen Typen

Wenn ich den bevorzugten Kanal des anderen erkenne, dann kann ich mich auf ihn einstellen (kalibrieren), ihn pacen, wirkungsvoll Rapport aufbauen, somit erfolgreicher kommunizieren und meine Botschaft besser rüberbringen.
Wenn ich erkenne, dass mein Gegenüber offenbar ein visueller Typ ist (ich aber vielleicht auditiv), dann pace ich diesen Kanal, indem auch ich visuelle Prädikate verwende oder indem ich etwas aufzeichne oder indem ich einen Kinobesuch statt einen Konzertbesuch vorschlage oder indem ich mich bemühe, die Welt mit seinen Augen zu sehen, also eher auf die visuellen Elemente achte. Dadurch bekomme ich schneller Zugang zum anderen.

Die „typgerechte" Party

Angenommen, Sie sollten eine Party nur für Visuelle oder nur für Auditive oder nur für Kinästheten organisieren, worauf achten Sie? Schreiben Sie mindestens fünf bis neun Stichworte auf:

- Party für Visuelle:

____

____

- Party für Auditive:

____

____

- Party für Kinästheten:

____

____

Der Umgang mit Gruppen

Wenn ich eine ganze Gruppe von Menschen vor mir habe, dann achte ich darauf, dass ich alle drei Repräsentationssysteme gleichermaßen verwende, so dass sich alle Typen gut angesprochen und abgeholt fühlen.

Beim Pacen des bevorzugten Repräsentationssystems ist es egal, ob es sich um ein Gespräch mit der Nachbarin handelt oder um ein Meeting bei der Arbeit oder bei Erklärungen oder Infovermittlung etc. Sie können auf äußerst elegante Weise Rapport herstellen und Botschaften besser rüberbringen. Sie werden feststellen, dass Sie plötzlich Menschen besser verstehen, die Sie zuvor nicht verstanden haben und besser mit Ihnen zurechtkommen!

Zu Schluss dieses Kapitels möchten wir Sie einladen, mit den Repräsentationssystem im Kontext „Lernen" zu experimentieren.

„Typgerecht" lernen

Überlegen Sie sich, wie Sie am leichtesten lernen und wie sie sich etwas am besten merken können. Probieren Sie aus, was für Sie am besten funktioniert.

- Visuell: Machen Sie sich Skizzen, Zeichnungen und verwenden Sie Bilder, Pfeile etc.
- Auditiv: Reden Sie mit, sprechen Sie innerlich, stellen Sie sich Fragen, führen Sie einen inneren Dialog
- Kinästhetisch: Probieren Sie aus, spielen Sie es durch, experimentieren Sie, denken Sie sich konkrete Beispiele aus und gehen Sie sie diese durch. Basteln Sie etwas.

Entdecken Sie auf diese Weise neue Möglichkeiten und verlassen Sie alte Lernpfade!

Platz für Ihre Skizzen:

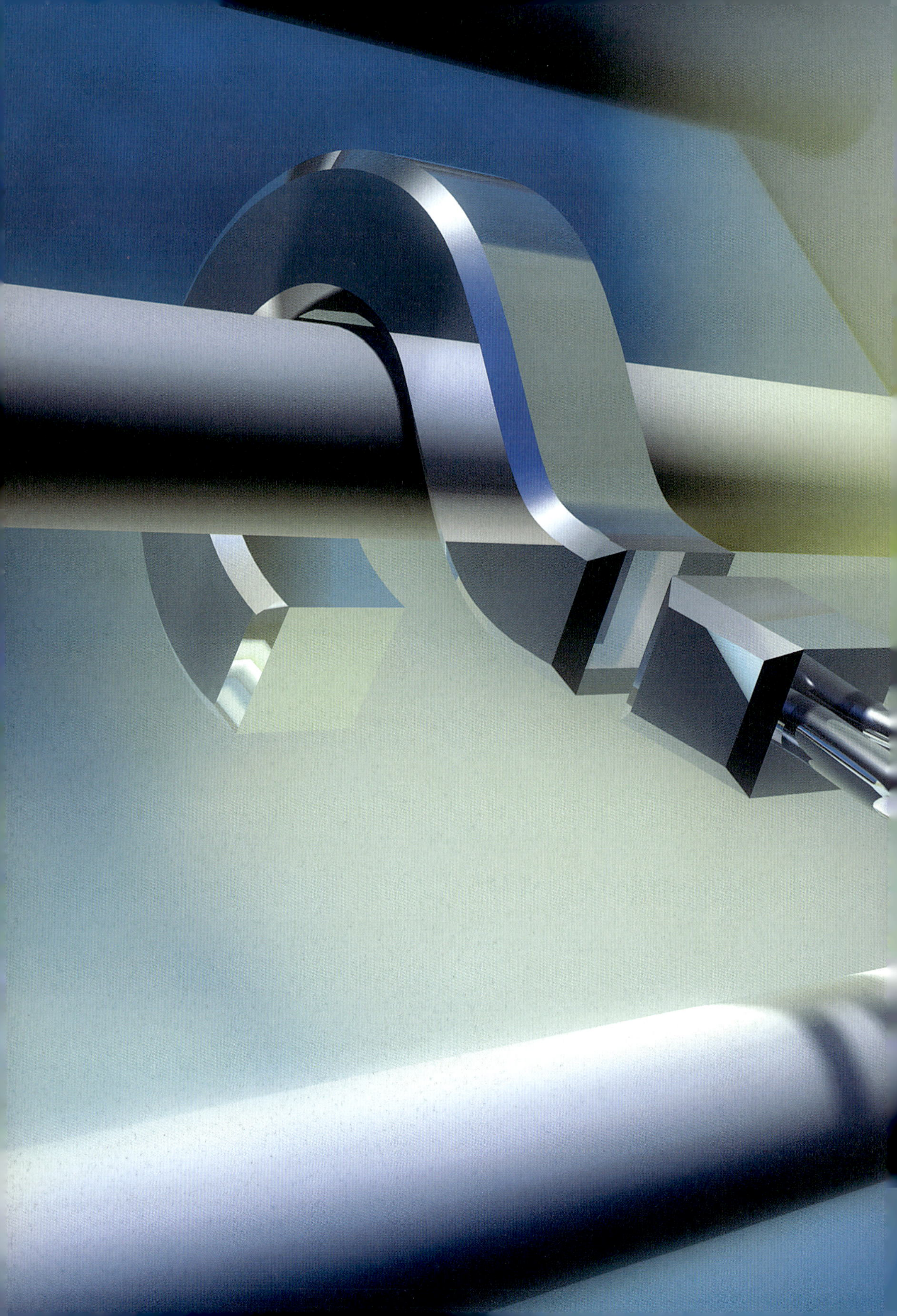

6 Die hohe Kunst des Fragens

Gute Kommunikatoren arbeiten ganz bewusst mit den Stärken und Schwächen der Sprache. Sie sind in der Lage, Sprache präzise anzuwenden oder die Wortwahl genau zu definieren – wenn es notwendig ist. Diese Fähigkeit lässt sich ständig optimieren. Genauso müssen Sie natürlich bei Ungenauigkeiten Ihres Gegenübers richtig nachhaken können. Zeitraubende Missverständnisse lassen sich vermeiden, Unklarheiten rechtzeitig klären und wertvolle Informationen gezielt sammeln.

Die hohe Kunst des Fragens

Ziel dieses Kapitels: Schlaue Fragen stellen, um wichtige Informationen zurück zu gewinnen

Das Metamodell der Sprache

Fassen wir Sprache als genaues Abbild der Realität auf, kann das zu Problemen führen bzw. viele Möglichkeiten außer Acht lassen. Klagt ein Mitarbeiter „Heute geht alles schief!" und Sie sagen deswegen einen wichtigen Kundentermin ab, dann ist das womöglich ein großer Schaden. Fragen Sie stattdessen nach: „Wirklich alles? Gab es heute auch etwas, was gut geklappt hat?" Dann stellt sich vermutlich heraus, dass zwei oder drei Sachen nicht geklappt haben, alles andere aber glatt gelaufen ist. Den Mitarbeiter dann auf die positiven Ergebnisse zu fokussieren, ist für den anstehenden Kundentermin sehr wichtig und auf jeden Fall hilfreich!

Gute Kommunikatoren arbeiten ganz bewusst mit den Stärken und Schwächen der Sprache. Sie sind in der Lage, Sprache präzise anzuwenden oder die Wortwahl genau zu definieren – wenn es notwendig ist. Genauso müssen Sie bei Ungenauigkeiten ihres Gegenübers richtig nachfragen können.

Missverständnisse lassen sich vermeiden, Unklarheiten klären und wertvolle Informationen gezielt sammeln.

z. B. **Hätten wir doch nur genauer nachgefragt!**

Klaus berichtet: „Als wir für die Klausurtagung unserer zehn Führungskräfte ein nettes kleines Hotel gesucht haben und eine Empfehlung von einem Kollegen wahrnahmen – da hätten wir ein paar Fragen mehr stellen müssen! Er sagte: „Das liegt etwas abseits, man hat seine Ruhe, es gibt ein Kaminzimmer, gute Küche, genügend Einzelzimmer, und man ist trotzdem unter sich." Hörte sich gut an. Wir fuhren hin und fanden es sogar, nachdem wir zweimal an der Schotterstraße vorbeifuhren, die den Berg hinauf zu dem Hotel führte. Zwar litten unsere für normale Asphalt-Straßen gebauten Firmenwägen etwas, aber wir waren guter Dinge, als wir bei der Holzhütte ankamen und herzlich begrüßt wurden. Ruhe hatten wir wirklich, denn es gab weder Telefon noch elektrischen Strom, geschweige denn Handy-Empfang oder Internet-Anschluss. Bei wichtigen Rückfragen fuhren wir immer ins Dorf hinunter und telefonierten dort. Abends saßen wir bei Kerzen- und Feuerschein zusammen und gingen spätestens um neun Uhr mit brennenden Augen ins kalte, klamme Bett. Morgens haben wir uns zähneklappernd in Waschschüsseln gewaschen und dann wieder unsere unpraktischen Anzüge angezogen. Diese Klausurtage werden wir zwar nie vergessen, aber mit anderer Kleidung und anderen Erwartungen hätten sie viel mehr Spaß gemacht! Hätte ich das Metamodell damals schon gekannt, wäre das sicher nicht passiert!"

Sprache repräsentiert die Erfahrung – nicht die Realität

Um das Metamodell verstehen zu können, müssen wir uns wieder das schon so oft zitierte Axiom „Jeder konstruiert sich sein Modell der Welt" in Erinnerung rufen. Jeder Mensch erlebt die Welt anders, je nachdem welche Erfahrungen er bisher gemacht hat, auf welchen Werten und Einstellungen sein Weltbild basiert, in welchen sozialen Bedingungen er gerade lebt usw. Die Art und Weise wie wir die Welt erleben, hat Einfluss darauf, welche Wörter und welche Sprachmuster wir verwenden. Ebenso hat Sprache Einfluss auf unser Denken.

z. B. **Schnee ist nicht gleich Schnee**

Norddeutsche haben wahrscheinlich nur zwei Wörter für Schnee zur Verfügung: Neuschnee und Matsch-Schnee. Andere Sorten von Schnee haben in dieser Welt keine besondere Bedeutung. Für Tiroler ist die Bandbreite der Bezeichnungen für Schnee schon viel größer: die örtlichen Bedingungen machen es notwendig, feine Unterscheidungen zu machen (Voraussetzung: Sinnesschärfe) und diese Feinheiten benennen zu können: Neuschnee kann differenziert werden zu Pulverschnee (trocken, feinkörnig) oder Pappschnee (feucht, großflockig). Liegengebliebener Schnee kann harsch werden oder aber firn! Diese Unterscheidungen sind für Menschen, die sehr oft und viel mit dem Thema Schnee konfrontiert sind aus vielerlei Gründen wichtig. Und wer Peter Hoeg's Roman „Fräulein Smillas Gespür für Schnee" gelesen hat, weiß, dass es in einer Umwelt, die sehr stark vom Thema Schnee beeinflusst wird, sogar über 100 verschiedene Bezeichnungen für Schnee gibt!

➤ *Unsere Sprache macht in einigen Bereichen feine Unterschiede und in anderen nicht. Es ist immer abhängig davon, ob unsere Kultur, Umwelt oder unsere individuelle Umgebung es erfordert. Sprache lenkt unsere Aufmerksamkeit und umgekehrt.*

Sprache ist zwei Schritte von der Realität entfernt

Sprache repräsentiert Erfahrungen, Erlebnisse, Wahrnehmungen und Empfindungen. Sprache gibt diese Erfahrungen aber nicht 1:1 (Tiefenstruktur) oder vollständig wider, das wäre nahezu unmöglich. Stellen Sie sich vor, Sie möchten Ihrem Partner den gestrigen Abend mit der besten Freundin erzählen. Vermutlich beschreiben Sie das Lokal, in dem Sie waren, wie es der Freundin geht und was sich Neues bei ihr getan hat, fassen zusammen, worüber Sie gesprochen haben etc. Selbst wenn Sie eine ganze Stunde berichten, ist diese Erzählung nur ein Ausschnitt des tatsächlich Erlebten (Oberflächenstruktur).

Schnee ist nie einfach nur „Schnee".

Sie haben sicher nicht minutiös den gesamten Ablauf wiedergegeben, sondern nur eine Auswahl oder Verallgemeinerung oder eine Vereinfachung des Abends.

Und das ist gut so, denn die automatische Fähigkeit, Erfahrungen zu tilgen, zu generalisieren oder zu verzerren, ist auch Grundvoraussetzung für intelligentes Verhalten. Nur wenn man unwichtige Informationen weglässt, Gelerntes transferiert, d.h. generalisiert und Modelle und Annahmen bildet, also die Welt vereinfacht, kann man sich intelligent Verhalten.

Dennoch müssen wir uns bewusst machen, dass Worte die Verknüpfung zu Sinneserfahrungen sind, wobei die Erfahrung nicht die Realität ist. Sprache ist also 2 Schritte von der Realität entfernt! Das ist einerseits ein Vorteil, andererseits ein Nachteil.

Das Metamodell verbindet Sprache wieder mit Erfahrung

Das Metamodell ist ein Modell von Fragen, das die Sprache wieder präzisiert. So können die natürlich auftretenden Einschränkungen, die in der linguistischen und grammatikalischen Struktur der Sprache erkennbar sind, sichtbar gemacht und wieder aufgehoben werden. Die Tilgungen, Generalisierungen und Verzerrungen werden aufgehoben und entwirrt. Auf diese Weise kann fehlende Information wieder erschlossen und damit das Weltbild erweitert und neue Verhaltensmöglichkeiten erschaffen werden. Bei guten Metamodell-Fragen geht der andere in einen downtime-Zustand, der ihn wieder auf die Erfahrungsebene zurückbringt.

Das Metamodell der Sprache ist eine der frühesten Modelle, die im NLP entwickelt wur-

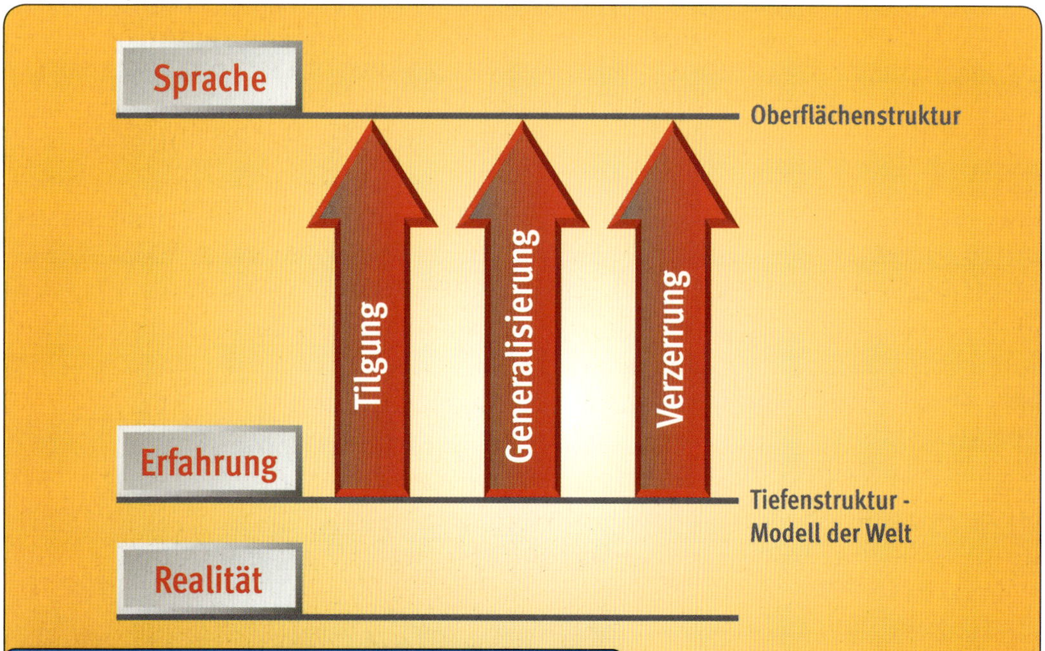

Unsere sprachlichen Äußerungen bilden nur die Oberflächenstruktur der durch unsere Erfahrung gefilterten Realität.

den, und ist in dem 1975 erschienenen Buch von Richard Bandler und John Grinder „Metasprache und Psychotherapie – Struktur der Magie I“ festgehalten.
Richard und John entdeckten diese Sprachmuster bei der Analyse der z.T. sehr ungewöhnlichen Fragetechniken von Virginia Satir und Fritz Perls, systematisierten sie und entwickelten für alle auftretenden linguistischen Selektionen, Verallgemeinerungen und Verzerrungen entsprechende Metamodell-Fragen.
Wir wenden automatisch drei unterschiedliche Mechanismen an, die unsere Erfahrung in Sprache transformieren:

- Tilgung
- Generalisierung
- Verzerrung

Diese können in grammatikalischen und linguistischen Sprachstrukturen sichtbar werden.

Tilgung – Sprache selektiert Erfahrung

Wenn wir etwas erzählen oder berichten, lassen wir immer Informationen weg. Manchmal sind es Sachen, die nicht wichtig sind, manchmal jedoch wäre diese Information sehr notwendig. Dieses Weglassen oder Tilgen wird in der Verwendung der Sprache offensichtlich:

Nominalisierungen (Nominalisation)

Nominalisierungen sind Substantive, hinter denen ein Prozess steht, der aber sprachlich getilgt wurde. Die Zeit, die Dynamik, der Prozess der Beteiligten werden getilgt.
Bei dem Wort „Hilfe“ z.B. steht der Prozess des Helfens dahinter, dessen Beschreibung viel mehr aussagt, als die Nominalisierung „Hilfe“.
Nominalisierungen erkennen Sie daran, dass dieses Wort etwas ist, was Sie nicht in eine Schubkarre packen können. Einen Tischtennisball (spezifisches Substantiv) können Sie eine Schubkarre packen, Freude (unspezifisches Substantiv) jedoch nicht. Weitere Beispiele sind Wörter wie Qualität, Sicherheit, Freiheit, Entscheidung, Beeinflussung, Gerechtigkeit ... Behördensprache oder die juristische Sprache ist voll von Nominalisierungen!
Ein neuer Mitarbeiter kann zu seinem Kollegen sagen: „Ich brauche morgen Deine Hilfe“, oder er kann sagen: „Kannst Du mir bitte morgen helfen, die ersten Grafiken mit diesem neuen Programm zu erstellen, da ich noch gar keine Erfahrung damit habe! Sobald ich das Prinzip kenne, mache ich es selber!“ In der zweiten Frage steckt viel mehr und viel präzisere Information drinnen als in der ersten.
Vielleicht hat der Kollege auch nachgefragt: „Wie genau soll ich Dir helfen?“ und dann diese Antwort bekommen.

Beispiel und Fragen

Nominalisierung	Welcher Prozess läuft dabei ab?
Aussage	**Meta-Modell-Frage**
Flexibilität ist mir wichtig!	Wie genau willst du flexibel sein?
Ich möchte mehr Verantwortung!	Wie genau willst du verantwortlich sein?
Ich brauche Hilfe!	Wie genau soll dir jemand helfen?

Unspezifische Verben (unspecified Verbs)

Bei der Verwendung von unspezifischen Verben fehlt die Information, wie genau etwas gemacht wird. Diese genaue Bestimmung ist jedoch sehr oft wichtig, besonders dann, wenn es eine ganze Bandbreite an verschiedenen Möglichkeiten gibt.

Bei der Aussage „Mein Chef nervt mich“, ist es für die Klärung dieser Situation wichtig zu wissen, wodurch genau dieser Mitarbeiter sich durch seinen Chef genervt fühlt. Nervt er, da er zu viel verlangt, zu wenig verlangt, sich zu viel oder zu wenig mit seinen Mitarbeitern bespricht, weil er zu viel oder zu wenig Verantwortung übergibt etc.

Beispiel und Fragen

Unspezifische Verben	Wie genau macht er das?
Aussage	**Meta-Modell-Frage**
Mein Chef nervt mich!	Wie nervt er dich?
Meine Kollegin hat sich beschwert!	Beschreibe, was sie dabei tut!
Meine Arbeit überfordert mich!	Wie überfordert sie dich?

Einfache Tilgung (Simple Deletion)

Bei der einfachen Tilgung wird ein Teil des Satzes, der wichtige Informationen enthält, weggelassen. So genannte relative Verben erfordern immer ein Objekt, dieses wird bei der einfachen Tilgung weggelassen (getilgt).

Beschwert sich ein Kunde bei der Chefin der Serviceabteilung und sagt: „Ich habe mich in der Zusammenarbeit beim letzten Projekt über Herrn Kurzmann sehr geärgert.“ Dann fehlt hier eine sehr wichtige Information: Worüber genau hat er sich geärgert? Erst wenn dies geklärt wird, kann die Chefin ein konstruktives Gespräch mit Herrn Kurzmann führen und zugleich Optimierung für das nächste Projekt sicherstellen.

Beispiel und Fragen

Einfache Tilgung	Was fehlt?
Aussage	**Meta-Modell-Frage**
Ich ärgere mich!	Worüber?
Ich bin verwirrt!	Worüber? Wovon?
Ich traue mich nicht!	Was traust du dich nicht?

Vergleichende Tilgung (comparative deletion)

Bei der vergleichenden Tilgung wird nicht deutlich, mit wem oder was dieser Vergleich hergestellt wird. Es kann etwas nicht isoliert besser oder schlechter sein, es muss klar sein, im Vergleich zu wem oder zu was oder zu wann diese Aussage getätigt wird.

„Ich hätte diese Sitzung besser moderieren können!" Da drängt sich die Frage auf, besser im Vergleich zu wem oder zu wann oder nach welchem Maßstab? Wer oder was ist der Vergleichspartner? Das herauszufinden ist sehr wichtig, denn nur so können Lösungs- oder Verbesserungsmöglichkeiten für das nächste Mal gefunden werden.

Beispiel und Fragen

Vergleichende Tilgung	Verglichen womit?
Aussage	**Meta-Modell-Frage**
Ich hätte besser moderieren können!	Nach welchem Maßstab? Verglichen mit wem?
Er ist schlechter!	In was? Worin?
Ich hätte das anders gemacht!	Anders als was? Anders als wer?

Unspezifischer Bezugsindex (unspecified referential index)

Oft reden wir von Dingen, bei denen uns klar ist, worauf sie sich beziehen. Dem Gesprächspartner kann es jedoch nicht klar sein, oder der Bezug ist mehrdeutig. Bei Aussagen, bei denen unklar bleibt, auf wen sie sich beziehen, spricht man von einem unspezifischen Bezugsindex als linguistische Sprachstruktur.

Es macht aber einen entscheidenden Unterschied, auf was sich die Aussage bezieht: „Die Präsentation hat ihm gefallen". Hier ist die Nachfrage „wem gefallen?" und „welche Präsentation?" wichtig. Dies zu wissen, ist essenziell, um die gesteckten Ziele auch das nächste Mal zu erreichen.

Hinweisworte für unspezifische Bezugsindizes sind Artikel, Personalpronomina, Pronomen (eine, die, der, er, sie, es, ihm ...).

Der unspezifische Bezugsindex ist die singuläre Form des generalisierten Bezugsindex, der bei den Generalisierungen näher erläutert wird.

Beispiel und Fragen

Unspezifischer Bezugsindex	Auf wen/was bezogen?
Aussage	**Meta-Modell-Frage**
Die Präsentation hat ihm nichts gebracht!	Wem? Welche Präsentation?
Der Kundentermin wurde nicht genutzt!	Welcher Termin? In Bezug auf was?
Einer boykottierte das Projekt!	Wer boykottierte das Projekt? Welches Projekt?

➤ *Wir alle tilgen sprachlich jeden Tag eine Vielzahl von unterschiedlichsten Erfahrungen und Informationen. Wichtig ist, dass wir dies wissen und uns immer wieder bewusst machen!*

Tilgungen auf der Spur

Hören Sie gut zu, wenn Sie selbst oder andere sprechen. Schreiben Sie drei Sätze auf, die ganz offensichtlich eine Tilgung enthalten und gewinnen Sie die fehlenden Informationen durch die passende Frage zurück.

1. Aussage mit Tilgung: ______________________________

____

Frage: ______________________________

2. Aussage mit Tilgung: ______________________________

____

Frage: ______________________________

3. Aussage mit Tilgung: ______________________________

____

Frage: ______________________________

Generalisierung – Verallgemeinerung von Erfahrungen

Während bei der Tilgung Informationen sprachlich gelöscht wurden, werden bei der Generalisierung Erfahrungen verallgemeinert. Wenn wir Erfahrungen generalisieren, dann übertragen wir diese Erfahrung auf andere Situationen oder Zeitpunkte und lassen dabei Ausnahmen oder besondere Bedingungen oder Umstände, die zu dieser Erfahrung führten, außen vor. Auch diese sprachliche Einschränkung können wir anhand der grammatikalischen Struktur der Sprache erkennen.

Universelle Quantifizierungen (universal quantifiers)

Bei der universellen Quantifizierung wird ein Einzelereignis oder einige wenige Erfahrungen als permanenter oder allgemeingültiger Zustand beschrieben. Hinterfragen wir diese universellen Quantifizierungen nicht, so verpassen wir gute Chancen, die sich in den Ausnahmen verbergen. Und womöglich ist eher die Ausnah-

me die Regel, dann ist es noch ungünstiger, diese Verallgemeinerung nicht aufzulösen.
„Nie hören mir die Vorgesetzten in den Meetings zu!" Diese Haltung führt zu Frustration und Demotivation und ist sicherlich nicht förderlich für eine gute Arbeitsleistung in den nächsten Meetings. Nach etwas Nachdenken fällt dem Klagenden womöglich ein, dass ihm sehr wohl der Kollege X und die Kollegin Y und auch der Chef der Abteilung Z zuhören. Dass eigentlich die meisten zuhören, nur die beiden Leiter der Marketing- und PR-Abteilung übergehen ihn meist. In Zukunft richtet er seine Aufmerksamkeit auf diejenigen, die ihm zuhören und überlegt sich Strategien, wie er auch die beiden anderen ins Boot holen kann.
Hinweiswörter sind: Alle, immer, nie, keiner, dauernd, nichts, alles, jeder ...

Oft werden Einzelsituationen verallgemeinert.

Beispiel und Fragen

Universelle Quantifizierung	Gilt das uneingeschränkt? Gibt es Ausnahmen?
Aussage	**Meta-Modell-Frage**
Sie hören mir nie zu	Haben sie dir bisher schon mal zugehört? Wirklich niemals?
Alle haben gelacht.	Wirklich alle?
Nie traut er mir das zu.	Hat er dir schon mal was zugetraut?

Modaloperatoren der Notwendigkeit (Modal Operators of Necessity)

Werden Sie hellhörig, wenn Sie Sätze hören mit Verben wie „sollen" oder „müssen" oder auch „nicht dürfen". Hier wird eine verallgemeinerte Regel aufgestellt, die nicht explizit formuliert wird und die zu einem Zwang wird. Erst wenn die Konsequenzen oder die Gründe dieser Regeln hinterfragt werden, können sie bewertet oder auch kritisch überdacht werden. Dadurch eröffnen sich neue Wahlmöglichkeiten und Handlungsalternativen oder gar neue Entdeckungen! Der Satz: „Ich sollte da nicht einfach anrufen, ich kenne den doch gar nicht!" impliziert, dass man nur bekannte Menschen oder Geschäftspartner anrufen darf.
Erst wenn man diese Beschreibung hinterfragt und sich erlaubt, eine „Befreiung" in Erwägung zu ziehen, ist es möglich, auch die Kalt-Akquise für ein erfolgreiches Neukundengeschäft einzubeziehen und damit womöglich gute Ergebnisse zu erzielen.

Beispiel und Fragen

Modaloperatoren der Notwendigkeit	Welchen Zwang gibt es?
Aussage	**Meta-Modell-Frage**
Ich sollte ...	Wirst du dazu gezwungen?
Ich muss ...	Was wäre, wenn du es nicht tust?

Modaloperatoren der Möglichkeit (modal operators of possibilities)

Modaloperatoren der Möglichkeit sind ebenfalls Einschränkungen, die wir selbst aufstellen und von denen wir glauben, dass wir sie nicht übertreten können. „Nicht können" oder „es ist nicht möglich, dass" sind grammatikalische Sprachmuster, die uns sehr einengen! Dahinter stecken Überzeugungen und Glaubenssätze, die verhindern, dass wir unsere Möglichkeiten voll ausschöpfen.

„Es ist nicht möglich, innerhalb von einem Jahr drei dieser großen Abschlüsse zu machen!" Dies ist ein beschränkender Glaubenssatz, der es dann tatsächlich verhindert, diese Abschlüsse zu machen und dass wir es überhaupt versuchen. Jedoch ist es der Glaubenssatz, der dies verhindert. Um diese Einschränkung aufzulösen, fragen Sie sich, wie es wäre, wenn Sie diese Abschlüsse doch machen könnten. Welche Ressourcen bräuchten Sie, was müssten Sie tun? Durch diese Überlegungen können Sie das scheinbar so unmögliche Ziel viel eher erreichen!

Linguistisch sind die Sätze „Ich kann nicht durch Wände gehen" und „Ich kann in einer Besprechung keine Fragen stellen" gleichwertig. Nur der erste ist eine Unmöglichkeit, der zweite jedoch eine Möglichkeit, die aber als Unmöglichkeit angenommen wird.

Beispiel und Fragen

Modaloperatoren der Möglichkeit	Gilt das uneingeschränkt? Gibt es Ausnahmen?
Aussage	**Meta-Modell-Frage**
Ich kann nicht ... Es geht nicht ... Es ist nicht möglich, dass ...	Was hält dich davon ab? Wie hältst du dich davon ab? Was würde geschehen, wenn ... Gibt es ein Naturgesetz, das dich davon abhält? Wie wirst du es tun, wenn du es könntest? Tu mal im Kopf so, als ob du es könntest.

Generalisierter Bezugsindex (generalised referential index)

Wenn eine einzige Erfahrung oder ein einziges Beispiel als Repräsentant für eine Vielzahl von Möglichkeiten angesehen wird, dann sprechen wir von generalisierten Bezugsindizes. Damit werden Unterschiede, Ausnahmen, Besonderheiten und spezielle Voraussetzungen völlig außer Acht gelassen. Sie sind deswegen besonders schwierig, weil hier die Frage nach den

Ausnahmen wie bei den universellen Quantifizierungen nicht mehr greifen, da sie das „Ereignis oder die Person an sich“ ansprechen.

Während Universalquantoren durch Ausnahmen oder Gegenbeispiele aufgelöst werden können, ist diese Strategie bei den generalisierten Bezugsindizes wirkungslos und damit sehr hartnäckig („Männer an sich“, „Verkäufer an sich“). Die linguistische Struktur ist die Verwendung des Plurals ohne dass klar wird, auf wen sich die Aussage bezieht. Es liegt dadurch eine Typisierung vor, die dadurch aufgelöst werden kann, indem die Aussage auf die konkreten, wenigen Erfahrungen zurückbezogen wird. „Schlipsträger können keine persönlichen Beziehungen herstellen.“ „Welche Schlipsträger genau meinst Du?“

Gerne Verallgemeinerungen ausgesetzt: Schlipsträger.

Beispiel und Fragen

Generalisierter Bezugsindex	Wer belegt diese Typisierung?
Aussage	**Meta-Modell-Frage**
Vermögensberater wollen immer nur dein Geld.	Welche Vermögensberater meinst du genau?
Aliener sind faul.	Welche Aliener genau?
Verkäufer sind eine Plage.	Welche Verkäufer genau? Auf welche Verkäufer beziehst du dich?

➤ *Auch wenn Generalisierungen die Aussagen ausweiten und ausdehnen, so sind sie dennoch limitierend. Gerade die Ausnahmen und Besonderheiten helfen, bisherige Einstellungen oder Glaubenssätze neu zu überdenken und einschränkende zu überwinden.*

Generalisierungen in Frage stellen

Schreiben Sie nun drei Sätze von Ihnen selbst oder Ihrem Gesprächspartner auf, die eine Generalisierung enthalten und stellen Sie die passende Frage dazu.

1. Aussage mit Generalisierung: ______________________________

____

Frage: ____

2. Aussage mit Generalisierung: ______________________________

____

Frage: ____

3. Aussage mit Generalisierung: ______________________________

____

Frage: ____

Verzerrung – Vereinfachung von Erfahrungen

Wenn wir eine Erfahrung mit Worten wiedergeben, dann ist das meist eine vereinfachte Form, welche die Erfahrung zwangsläufig verzerrt.

Gedankenlesen (mind reading)

Alle Aussagen über die Emotionen, innere Prozesse, Einstellungen, Meinungen, Wünsche, Vorlieben oder Zustände einer anderen Person sind Verzerrungen. Hobby-Gedankenleser glauben zu wissen, was der andere denkt, meint oder möchte und handelt oder argumentiert dementsprechend. Dabei können wir aber völlig falsch liegen. „Ich dachte, Sie wollen, dass wir den Termin möglichst schnell zu Ende bringen" ist ein Beispiel für derartiges Gedankenlesen. Oft stellt sich im Nachhinein heraus, dass derartige Gedanken überhaupt nicht da waren. Eigentlich war noch genügend Zeit für den Termin eingeplant und man hätte das Thema auch in aller Ruhe zu Ende diskutieren können.

Jedes Gedankenlesen hat seine Grundlage in der Erfahrung. Diese führt zu einer Annahme und diese stellt eine mögliche Verzerrung der Wirklichkeit dar.

Beispiel und Fragen

Gedankenlesen	Welche Zuschreibung wird gemacht?
Aussage	**Meta-Modell-Frage**
Er möchte, dass der Termin schnell zu Ende geht. Er hat das nicht verstanden. Sie interessiert sich nicht für mich.	Woran erkennst du, dass ... Woher glaubst du zu wissen, dass ... Woran machst du fest, dass ... **Konjunktiv** (z.B. ... das so sei, ... der Termin schnell zu Ende gehe)

Fehlender Performativ – ewige Wahrheit (lost performativ)

Fehlender Performativ kann auch als ewige Wahrheiten oder z.T. Stammtisch-Parolen bezeichnet werden. Sie sind auf jeden Fall immer Verzerrungen.

Verdächtig sind alle Sätze, die ein „man" enthalten oder eine Gesetzmäßigkeit postulieren. „Man fragt da nicht nach", „Es ist schlecht, mehr Geld zu verlangen." Wer diesen Satz als Gesetz sieht, wird niemals den Mut aufbringen, eine angebrachte Gehaltserhöhung zu fordern. Gerade bei solchen Sätzen ist es absolut notwendig, die Hintergründe zu erforschen, um neue Chancen oder Veränderungen zu ermöglichen.

Beispiel und Fragen

Fehlender Performativ	Für wen ist das anzuwenden? Für wen gilt das? In welchem Kontext?
Aussage	**Meta-Modell-Frage**
Es ist schlecht, unpünktlich zu sein. Ordnung ist wichtig. Durchsetzungsfähigkeit im Job ist wichtig.	Woher weißt du, dass das schlecht ist? Wer sagt das? Für wen gilt das? Wann gilt das? Wo gilt das?

Ursache – Wirkung (cause effect)

Eine sehr beliebte sprachliche Verzerrung ist eine unterstellte Ursache-Wirkung-Beziehung, zwischen einer Handlung und einem emotionalen Zustand.

Typische Ursache-Wirkungs-Sätze enthalten ein „wenn ... dann", „machen", „verursachen", „bewirken", „erzeugen" oder „schaffen". „Der Kunde XY macht mich ärgerlich" unterstellt, dass der Kunde verantwortlich für den eigenen emotionalen Zustand ist. Wer dies glaubt, wird nie anders als mit Ärger reagieren können.

Im NLP sagen wir, dass jeder selbst verantwortlich für seine Gefühle ist (emotionale Intelligenz!), jeder macht sich seine Gefühle selbst und keiner kann einem anderen Menschen Emotionen machen. Diese Verantwortung für die eigene Gefühlslage kann viel leichter übernommen werden, wenn die Ursache-Wirkung-Beziehung in Frage gestellt wird.

Beispiel und Fragen

Ursache - Wirkung	Besteht wirklich eine Kausalität?
Aussage	**Meta-Modell-Frage**
Der Kunde macht mich ärgerlich.	Wie genau macht der Kunde es, dass du ärgerlich wirst? Provokativ: der Kunde kontrolliert also deine Gefühle?
Dieses Projekt ruft bei mir Kopfschmerzen hervor.	Wie kann das Projekt bei dir Kopfschmerzen machen? Provokativ: Mit welchem Wirkstoff macht das Projekt denn das?
Wenn ich mit Kollege XY zusammenarbeite, kann ich den Zeitplan nicht einhalten.	Wie genau bewirkt der Kollege XY, dass du den Zeitplan nicht einhalten kannst? Provokativ: Wenn der Kollege anwesend ist, verlierst du deine Fähigkeit zu planen?

Komplexe Äquivalenzen (complex equivalence)

Komplexe Äquivalenzen als Verzerrung der Erfahrung setzen zwei Dinge oder Erfahrungen oder Zustände gleich (A = B). „Da er mich nicht anschaut (A), schätzt er mich nicht (B)." Das ist eine Gleichsetzung, die die Wahlmöglichkeiten im Verhalten stark reduziert, da sie die Welt verzerrt und zu Annahmen und Vermutungen führt, die wiederum zu falschen Schlussfolgerungen führen können.

Um diese Verzerrungen aufzulösen, ist es sehr nützlich, Gegenbeispiele zu finden. Dabei kann der Satzteil A oder der Satzteil B verändert werden:

A: „Hat Dich schon einmal jemand geschätzt, obwohl er Dich nicht angeschaut hat?"

B: „Jeder der Dich nicht anschaut, schätzt Dich nicht?"

Achten Sie auf Sätze mit „bedeuten", „ist wie", „weil" oder „da ...", „d.h.", sie deuten auf Gleichsetzungen hin.

Beispiel und Fragen

Komplexe Äquivalenzen	Gibt es einen Zusammenhang/Gleichheit?
Aussage	**Meta-Modell-Frage**
Da du mir nicht zuhörst, magst du mich nicht.	Hat dich schon mal jemand gemocht, der dir nicht zugehört hat?
Er vertraut mir nicht, da er mir das Projekt nicht übergibt.	Jeder, der dir Projekte übergibt, vertraut dir?
Sie weiß meine Arbeit nicht zu schätzen, weil sie mir keine Gehaltserhöhung gibt.	Nur wenn du eine Gehaltserhöhung bekommst, wirst du geschätzt?

➤ *Verzerrungen in ihren verschiedenen Formen sind eines der beliebtesten sprachlichen Muster, wie Sie sicherlich bei vielen Gelegenheiten selbst schon festgestellt haben!*

Verzerrungen entzerren

Notieren Sie drei Sätze auf, in denen eine Vereinfachung/Verzerrung steckt und lösen Sie sie auf, indem Sie die entsprechende Frage dazu stellen.

1. Aussage mit Verzerrung:____

____

Frage:____

2. Aussage mit Verzerrung:____

____

Frage:____

3. Aussage mit Verzerrung:____

____

Frage:____

Die praktische Anwendung des Metamodells

Keine „Warum"-Fragen im Metamodell!

Als aufmerksamer Leser haben Sie bestimmt bemerkt, dass es bei den Metamodell-Fragen keine einzige „Warum"-Frage gibt. Was ist der Grund dafür? „Warum"-Fragen liefern keine Informationen über die genauen Prozesse, sondern ergeben lediglich Rechtfertigungen und Erklärungen aus dem eigenen Modell der Welt heraus. Warum-Antworten festigen die Aussage, während Metamodell-Fragen jedoch die Prozesse in Zweifel ziehen, herausfordern und den Sprecher zum Präzisieren und Korrigieren animieren möchte.

Die genaue Kenntnis der Prozesse ist wichtig, um Veränderung hervorrufen zu können. „Warum"-Fragen sind deswegen im Meta-Modell sogar verboten!

Häufung von grammatikalischen und linguistischen Einschränkungen

Man kann kaum etwas sagen, ohne Metamodell-Verletzungen zu verwenden. Selbst in kleinen und kurzen Sätzen können sie vorhanden sein, z.B.: „Er möchte, dass der Termin schnell zu Ende geht." „Wer? Welcher Termin? Woher glaubst Du zu wissen, dass er das möchte? Was meinst Du genau mit schnell zu Ende gehen?" usw.

Sie werden niemals alle Tilgungen, Generalisierungen und Verzerrungen spezifizieren und herausfiltern können. Es ist abhängig vom Kontext, Ihrem Kommunikationspartner und von Ihrem Ziel, auf welche Metamodell-Verletzung Sie Ihre Aufmerksamkeit richten und welche Fragen sie stellen möchten.

Wo das Metamodell angewendet wird

Das Metamodell der Fragen ist überall dort sehr nützlich, wo grammatikalische und linguistische Sprachmuster auf Einschränkungen hindeuten. Durch die entsprechenden Metamodell-Fragen können wichtige fehlende Informationen ermittelt werden.

Ihr Gegenüber spricht in Rätseln? Stellen Sie gezielt Metamodell-Fragen, um Verzerrungen aufzuklären.

Informationen sammeln

Egal in welchem Kontext – sei es im Privaten, im Alltagsleben oder im beruflichen Kontext, immer wenn Sie Informationen sammeln wollen, sind Meta-Modell-Fragen sehr hilfreich.

Bedeutungen klären und präzisieren

Das Metamodell basiert auf der Annahme, dass jeder Mensch seine Sicht der Welt hat und aus dieser Sicht heraus, Erfahrungen bewertet und ihnen Bedeutung zuschreibt. Um diese Bedeutungen herauszufinden, kann das Metamodell angewendet werden. Metamodell-Fragen liefern also immer auch Informationen über das Modell der Welt des anderen.

Einschränkungen identifizieren

Im NLP ist bei jeder Veränderungsarbeit das Ziel, mehr Wahlmöglichkeiten zu schaffen. Das Metamodell unterstützt dieses Ansinnen. Sprache drückt die Grenzen im Denken aus, durch die Metamodell-Fragen werden diese Limitierungen hinterfragt und somit geöffnet.

Wahlmöglichkeiten eröffnen

Durch das Aufzeigen der selbst gemachten Grenzen, eröffnen sich automatisch neue Wahlmöglichkeiten für das Denken, Handeln und Fühlen. Somit werden wir flexibler und erfolgreicher in unserer Zielsetzung, Kommunikation und im Umgang mit anderen Menschen und uns selbst.

Rhetorische Selbstverteidigung

Da niemand (wirklich niemand?) vermeiden kann (was wäre, wenn doch?) Metamodellverletzungen (welche genau?) zu machen, kann man jeden sich dadurch immer schützen, dass man übervorteilt oder beeinflusst wird.

Das Meta-Modell-Monster

Nahezu jede Aussage und jedes Gespräch ist voll von Metamodell-Verletzungen. Wenn Sie wollten, könnten Sie jeden Satz mit zwei oder drei Meta-Modell-Fragen auseinander nehmen.

Machen Sie sich bewusst, dass jede Metamodell-Frage wie ein kleiner Rapport-Bruch wirkt, da Sie dadurch das Modell der Welt des anderen ein bisschen in Frage stellen. Je mehr dieser Fragen Sie stellen, desto größer wird die Gefahr, dass Sie den Rapport verlieren. Selbst bei den besten Freunden kann hartnäckiges Nachfragen irgendwann als Angriff erlebt werden und zu Unmut und Zorn führen.

Bevor Sie zum Metamodell-Monster werden, fragen Sie sich selbst: „Muss ich das wirklich wissen? Was ist mein Ziel bei dieser Frage?“ Verwenden Sie das Metamodell mit einem Weichspüler, d.h. mit sanfter und neugieriger Stimme statt schnell, hart und verhörartig. Auch ein interessierter oder fragender Gesichtsausdruck hilft. Wohldosiert eingesetzt ist das Metamodell eine hervorragende Technik zur Informationsgewinnung und nützliches Instrument für jede Veränderungsarbeit.

Abschluss-Übung zum Metamodell

Übrigens: die erste Person, mit der Sie den präzisierenden und klärenden Effekt der Metamodellfragen ausprobieren sollten, sind Sie selbst. Achten Sie einmal darauf, welche Metamodellverletzungen Sie selbst machen, wenn Sie reden oder denken! Wenn Ihnen auffällt, wie häufig Sie „immer“, „jeder“ oder „man muss“, „kann nicht“ oder das Gedankenlesen verwenden, merken Sie, dass man sich selbst mit der Sprache auch in Gedanken beeinflusst und einschränkt.

➤ *Sie können sich mit Hilfe des Metamodells der Sprache befreien und offener werden! Aber übertreiben Sie nicht: Bohrendes Nachfragen nervt!*

7 Die Kraft der Sprache nutzen

Die Verwendung von Sprache ist ein sehr wichtiger Einfluss auf die Art und Weise, wie wir über Situationen, andere Menschen oder uns selbst denken. Ereignisse werden von den Menschen interpretiert und mit Sinn und Bedeutung belegt. Welche Interpretationen wir dabei vornehmen, ist entscheidend abhängig von der Kultur, den bisherigen Erfahrungen, den Werten und Einstellungen, die wir haben – kurz gesagt, von unserem Modell der Welt. Die Art, wie wir interpretieren, spiegelt sich somit auch deutlich in der Verwendung von und im Umgang mit Sprache wider. Durch einen geschickten Einsatz von bestimmten Sprachmustern lassen sich Ziele schneller erreichen.

Die Kraft der Sprache nutzen

Ziel dieses Kapitels: Sprachmuster gezielt und wirkungsvoll in der Kommunikation einsetzen; sprachliches Reframing, Präsuppositionen, Milton-Modell

Reframing: Die Kunst des Umdeutens

Das, was man mit Kommunikation als erstes verbindet, haben wir bislang fast gänzlich außen vor gelassen: die Sprache. Sprache ist wesentlicher Bestandteil unserer Kultur, mit ihr verständigen wir uns und sie ist Basis unserer verbalen Kommunikation. Darüber hinaus hat sie entscheidenden Einfluss auf die interne Verarbeitung von Erfahrung, sie beeinflusst sogar unseren emotionalen Zustand.

Das „L" im NLP steht für Linguistik (Sprachwissenschaft) und unterstreicht die Bedeutung der Sprache im NLP-Modell. Sprachmuster und die Art und Weise, wie sie im Alltag verwendet werden, sind zentral im folgenden Kapitel.

Wie wir sprechen, so denken wir – und umgekehrt

Die Verwendung von Sprache ist ein sehr wichtiger Einflussfaktor auf die Art und Weise wie wir über Situationen, andere Menschen oder uns selbst denken. Ereignisse werden von den Menschen interpretiert und mit Sinn und Bedeutung belegt (Axiom „Der Mensch ist ein Bedeutung und Sinn erzeugendes Wesen"). Welche Interpretationen wir dabei vornehmen ist entscheidend abhängig von der Kultur, den bisherigen Erfahrungen, den Werten und Einstellungen die wir haben – kurz gesagt, von unserem Modell der Welt.

Die Art wie wir interpretieren spiegelt sich somit auch deutlich in der Verwendung und im Umgang von Sprache wieder.

z. B. **Ein Beispiel für die Verwendung von Reframes**

Bekommt eine Firma in einem bestimmten Bereich plötzlich Konkurrenz von einem anderen Unternehmen, dann kann der Geschäftsführer zu seinen Mitarbeitern sagen: „Das ist natürlich eine schwierige Situation, aber wenn wir noch härter arbeiten, dann werden wir diesem Druck standhalten können".

Er kann aber auch sagen: „Eigentlich sollten wir diesem Unternehmen dankbar sein, denn so eine Situation sorgt immer für einen Innovations- und Motivationsschub, der letztlich unser Unternehmen weiter bringt, als wenn wir uns noch länger auf unserer Monopolstellung ausgeruht hätten. Also, zeigen wir's ihnen!"

Die Bedeutung eines jeden Ereignisses hängt immer von dem Rahmen ab, in den wir es stellen. Im obigen Beispiel ist der Rahmen zunächst „schwierige, bedrohliche Situation", der dann gewechselt und zu einer „herausfordernden, Impulse gebenden Situation" wird.

Dieser Rahmenwechsel wird im NLP bewusst als sprachliches Reframing eingesetzt: Un-

günstige Aussagen, die ein persönliches oder gemeinsames Problem ausdrücken, werden durch neue, günstige Sprachmuster so verändert, dass sich auch die Bedeutung des Ereignisses oder der Einstellung ändert.
Da Kommunikation ja nicht nur zwischen zwei oder mehr Menschen abläuft, sondern auch intern über den inneren Dialog, kann mit Reframing entscheidend die Wirkung auch auf sich selbst und das Verarbeiten von bestimmten Situationen beeinflusst werden.

Die Prinzipien des Reframings

Dem Reframing liegt außerdem das Prinzip der Trennung von Absicht und Verhalten zugrunde, denn oftmals gibt es einen Unterschied zwischen dem, was man eigentlich erreichen möchte oder was erreicht werden kann und dem tatsächlichen Handeln oder der gezeigten Reaktion. Wenn wir unsere Aufmerksamkeit auf die Absicht oder die mögliche Absicht lenken, dann fallen uns mehr Verhaltens- oder Reaktionsmöglichkeiten ein. Daraus können wir dann die für uns oder die Firma günstigsten heraussuchen und sprachlich darstellen (Axiom: „Jedes Verhalten hat eine positive Absicht.“).
Damit verbunden ist das so genannte Teilekonzept, auf das wir zu einem späteren Zeitpunkt noch ausführlicher eingehen werden. Wir gehen von der Annahme aus, dass unsere Persönlichkeit aus mehreren Teilen besteht, die einerseits unsere sozialen Rollen (Vater, Berufstätiger, Ehemann...) und andererseits unterschiedliche Bedürfnisse (Anerkennung, Erholung, Gesundheit ...) widerspiegeln.

Prinzipien des Reframing

- Aussagen eine neue Bedeutung geben
- Einen neuen Kontext finden
- Trennung von Absicht und Verhalten
- Arbeit mit verschiedenen Teilen

Gerade wenn die Lage schwierig ist, ist Motivation gefagt.

Die zwei Arten des Reframings: Bedeutungs- und Inhaltssreframing

Beim Inhaltsreframing wird das frühere Problem bzw. das Negative in etwas Positives umgedeutet, also eine neue, bessere Bedeutung gesucht. Beim Kontextreframing gehen wir davon aus, dass jedes Verhalten oder jede Einstellung in einem anderen Kontext gut, richtig und sinnvoll ist. Nichts ist nur schlecht, nichts ist nur gut!

z. B. **Reframing für das Wohlbefinden!**

Als sich Chris, ein beruflich sehr erfolgreicher junger Mann, einen komplizierten Beinbruch zuzieht und ein paar Wochen zu Hause bleiben muss, so ist es für seine Arbeitssituation zunächst sehr ungünstig. Er ist nur noch sehr bedingt in wichtige Arbeitsprozesse involviert. Anstatt sich jedoch täglich darüber zu ärgern, unruhig zu sein und angespannt ständig am Handy oder PC zu sitzen, beschließt er, Vertrauen zu seinen Mitarbeitern zu haben. Er beginnt, diese Situation sogar zu genießen: Durch die Arbeitszwangspause erlebt er zum ersten Mal das tägliche Familienleben mit. Die Tochter kommt mittags nach Hause, erzählt von der Schule und von den Freundinnen, er hört sie beinahe zum ersten Mal Klavier üben und sieht sie im Garten Fangen spielen. Alltag eben, den er nie mitbekommen hat, weil er morgens vor allen anderen das Haus verlässt und meist erst spät abends nach Hause kommt. Und wenn er Urlaub hat, dann fährt die Familie weg und erholt sich vom Alltag! Was für den Karriere-Teil schlecht ist, ist für den Vater-Teil sehr positiv.

Bedeutungsreframing

Manchmal wird Bedeutungsreframing auch als Inhaltsreframing bezeichnet, weil auch ein Austausch des Inhalts die Bedeutung verändert. So lässt sich etwa der Satz „Das ist ein Problem." ersetzen durch „Das ist eine Herausforderung."

Fragen:

- Wie sonst kann ich das Ereignis beschreiben?
- Was könnte dies sonst noch bedeuten?
- Was ist der positive Wert dabei?
- Was steckt eigentlich dahinter?
- Für welchen Teil ist das positiv?

Beispiele

Aussage	Reframe
Ich bin in Verhandlungen immer so zögerlich.	Das zeigt, dass du ein sehr verantwortungsbewusster Mensch bist.
Ich kann mich bei meinen Mitarbeitern nicht gut durchsetzen.	Du bist eben ein sehr freundlicher und respektvoller Mensch.
Ständig bekomme ich vom Chef neue Projekte auf den Tisch geknallt!	Das beweist, dass dein Chef Dir viel zutraut!
Meine finanzielle Situation ist desolat und es wird immer schlimmer!	Dann weißt du jetzt schon, wie man mit weniger gut auskommt!
Ihre Tochter muss immer ihren Willen durchsetzen.	Stimmt, sie ist sehr zielorientiert! Was sie sich vornimmt, das setzt sie auch durch!
Das muss doch schrecklich gewesen sein, als du neulich wegen Streik auf dem Flughafen festsaßt!	Eigentlich hab ich das fast schon genossen, denn ich habe während dieser Zeit einen tollen Roman gelesen!

Kontext-Reframing

Durch das Kontext-Reframing wird einem bewusst gemacht, dass alles irgendwo eine nützliche und wichtige Fähigkeit ist, man dieses Verhalten oder diese Eigenschaft also nicht aufzugeben braucht!

Zugleich wird aber auch deutlich, dass es in manchen Kontexten eben nicht angebracht ist, dieses Verhalten zu zeigen, sondern es besser ist, mehr Flexibilität zu haben.

Fragen:

- In welchem anderen Kontext ist das Ereignis oder die Eigenschaft etwas Positives?
- Wo wäre das Verhalten eine Ressource?
- Für welche anderen Personen ist das Ergebnis/die Eigenschaft etwas Positives?
- Zu welcher anderen Zeit ist Ergebnis/die Eigenschaft etwas Positives?
- Im Vergleich zu was/wem ist Ergebnis/die Eigenschaft etwas Positives?

Beispiele

Aussage	Reframe
Mein Chef hat immer so ein übersteigertes Selbstbewusstsein.	Dann wird er Eure Abteilung bestimmt erstklassig nach außen vertreten können!
Mein Sohn erzählt oft solche absurden Lügengeschichten!	Dann schreibt er bestimmt sehr kreative Aufsätze, oder?
Mein Kollege ist so was von stur, der lässt nicht von seiner Meinung ab!	Dann müsst Ihr ihn in Verhandlungen schicken, der wird Eure Belange für euch durchsetzen!
Meine Kollegin ist so was von penibel!	Prima, dann kannst du ihr wichtige Unterlagen zum Korrekturlesen geben!
Ich bin immer so pessimistisch!	Wenn du dir eine Wohnung kaufst, dann wirst du bestimmt nicht übers Ohr gehauen!
Ich bin immer so faul!	Mit dir kann man sicher einen tollen Relax-Urlaub machen!
Dein Mann ist so was von knausrig!	Das stimmt, aber dafür kann ich mit ihm fürs gleiche Geld doppelt so lange in Urlaub fahren!

Punch-/Blitz-/Short-Reframing

Eine weitere Art, Reframes einzusetzen, sind die so genannten Punch-Reframes. Das sind sehr kurze, manchmal provokante Bemerkungen, die Überraschung und Lachen auslösen und so eine verfahrene Situation entschärfen.

Beispiele

Aussage	Reframe
Ich bin so fett!	Na sei froh, du sparst Wasser in der Badewanne!
Ich bin so jähzorning!	Klasse, das schützt dich vor emotionaler Verarmung!
Ich fühl mich so hilflos!	Das ist gut, dann kann ich mich als starker Macker aufspielen!

Wo Sie Reframes anwenden können

Egal ob Bedeutungs- oder Kontext-Reframings, die Anwendungsmöglichkeiten sind sehr vielfältig. Man kann damit:

- negative Einstellungen verändern
- das Positive erkennen
- vom Problembewusstsein zum Lösungsbewusstsein kommen
- optimistischere Sichtweisen bekommen
- sich mit Problemen oder schwierigen Zeitgenossen versöhnen
- Dinge ins rechte Licht rücken
- unerwünschtes Verhalten verändern
- Probleme mit sekundärem Gewinn lösen

Probieren Sie es zunächst bei sich selber aus. Reframen Sie ungünstige Situationen, Einstellungen und innere Kommentare! Setzen Sie sie dann auch im privaten Alltag oder beruflichen Kontext ein.

➤ *Sprachliche Reframes fördern die Flexibilität und eröffnen neue Verhaltensmöglichkeiten!*

Reframing

Jeder hat diese oder ähnliche Gedanken schon im Kopf gehabt oder von anderen gehört:

- „Ich bin immer so schüchtern!“
- „Ich kann mich da nicht durchsetzen!“
- „Der mischt sich in alles ein!“
- „Diese ewige Warterei macht mich krank!“
- „Sie ist ständig unpünktlich!“

Schreiben Sie zu jeder dieser Aussagen jeweils ein Bedeutungs-Reframing und ein Kontext-Reframing auf. Verwenden Sie dann eigene Aussagen über sich selbst, über andere Menschen aus Ihrem Umfeld oder über bestimmte Situationen, die Sie ärgern, aufregen oder stören. Finden Sie passende Reframes und Sie werden erleben, dass Sie immer gelassener werden!

Präsuppositionen – versteckte Botschaften senden

Was zwischen den Zeilen steht

In der Kommunikation ist es oft einfacher und wirkungsvoller, Botschaften nicht direkt und gerade heraus zu vermitteln, sondern elegant durch die Hintertür zu senden.
Der Vorteil liegt darin, dass diese Botschaften vom Empfänger meist nur unbewusst wahrgenommen werden und Sie sich somit an etwaigem Widerstand unbemerkt vorbei schleichen können. Das, was vermittelt werden soll, kann auf diese Weise viel leichter angenommen werden. Außerdem wird dadurch eine Botschaft zusätzlich in sich stimmig gemacht und Aussagen können auf diese Weise gestärkt werden.
Diese versteckten Botschaften nennen wir Präsuppositionen. Sie stecken als Vorannahmen implizit in Aussagen, Sätzen oder Wörtern. Wird der ganze Satz verstanden, kann man davon ausgehen, dass auch die versteckte Botschaft verstanden wird.

z. B. **Ein Beispiel für die Verwendung von Präsuppositionen**

Nehmen wir als Beispiel das folgende, von einem Mitarbeiter nebenher erwähnte Statement gegenüber seiner Führungskraft, die Neuerungen und Veränderungen sehr zögerlich gegenüber steht: „Das ist schon interessant: Die Abteilung xy hat zunächst vor Weihnachten trotz großer Vorbehalte des Bereichsleiters diese neue Idee xy umgesetzt und jetzt schon erzielen die nicht nur gute Erfolge, sondern auch noch Anerkennung von allen Seiten!"

Was ist in dieser Aussage versteckt?

1. Mut zu neuen Ideen zahlt sich aus und wird belohnt.
2. Am Anfang waren Vorbehalte da, jetzt nicht mehr.
3. Die Erfolge haben sich früher eingestellt als erwartet.

Schlägt dieser Mitarbeiter seinem Chef am nächsten Tag vor, doch mal eine neue Variante bei der Arbeit am Projekt xy auszuprobieren, so hat er gute Chancen, dass der Chef seine Ängste gegenüber Innovation überwindet und diesem Vorschlag zustimmt.

Und mit großer Wahrscheinlichkeit erreicht er damit mehr, als wenn er den Vorgesetzten direkt darauf angesprochen hätte. Oft wird dies als Druck oder Überforderung oder als unangenehme Situation empfunden wodurch die notwendige Offenheit für Veränderung nicht mehr vorhanden ist.

Ungeschickte und geschickte Präsuppositionen

Manchmal kann es auch vorkommen, dass wir aus Versehen ungeschickte Präsuppositionen verwenden, z.B. „Heute hast Du mal einen schönen Pullover an". Der Schluss „sonst hast Du keinen schönen Pullover an" steckt implizit in diesem Satz. Die Worte machen nur dann Sinn, wenn es früher auch anders war. Besser sind die folgenden Aussagen – vor allem bei Komplimenten:

- Statt „mal": „aber" oder „wieder mal"
- Statt nur „schön": „besonders schönen"

Möglicherweise gelingt es Ihnen nicht sofort, in wichtigen Situationen geschickt Präsuppositionen einfließen zu lassen, aber Sie werden sehen, dass Sie sehr bald Erfolg damit haben werden! Vielleicht üben Sie zunächst im Privaten: machen Sie doch einfach jeden Tag Ihrem Partner oder Ihrer Partnerin ein verstecktes Kompliment und freuen Sie sich auf die Reaktionen!

Die Anwendung des Milton-Modells

Sie denken sich wahrscheinlich, dass es in verschiedenen Situationen möglich ist, dieses Modell einzusetzen. Sie sind sich auch noch gar nicht sicher, wie Sie in der Lage sein werden, diese Muster anzuwenden, damit Ihre Kommunikation noch erfolgreicher wird. Jeder weiß, dass gute Kommunikatoren mit der Sprache sehr bewusst umgehen. Sie können das ebenso leicht lernen wie die anderen, nur dadurch, dass Sie diese Sätze gelesen haben!

Und die Worte, die wir verwenden, ergeben beim Zuhörer immer einen Sinn. Eine gelungene Anwendung des Milton-Modells führt zu Zustimmung.

Beispiele für Präsuppositionen

Aussage	Präsuspposition
Nur du kannst das so schnell lernen.	Bei diesem speziellen Thema bist du der schnellste. Es ist möglich, schnell zu lernen. Andere lernen langsamer.
Wenn ich in der Oper bin, könnte ich immer weinen.	Ich bin öfter in der Oper. Ich weine nicht, bin aber kurz davor.
Eine Möglichkeit, sich das vorzustellen, ist die folgende.	Es gibt noch mindestens eine weitere Möglichkeit.
Es war nur ein kleiner Zwischenfall.	Es hätte auch ein großer sein können. Es gab einen Zwischenfall. Es gibt Zwischenfälle und noch was anderes, z.B. Unfälle.
Untrainierte Läufer brauchen ca. ein Jahr, bis sie einen Marathon laufen können.	Es ist auch für untrainierte Läufer möglich, einen Marathon zu laufen. Trainierte laufen früher einen Marathon.
Du kannst gespannt sein, was du zuerst lernen wirst.	Es gibt noch mehr zu lernen. Es wird in einer Reihenfolge gelernt. Es wird evtl. spannend werden.
Ich weiß nicht, wie ich aufhören sollte zu rauchen.	Mir ist die Notwendigkeit, Nichtraucher zu werden, bewusst. Ich will nicht aufhören (wg.: sollte!), jemand anders will, dass ich aufhöre. Es gibt ein Rezept, wenn man das hat, dann kann man aufhören.
Ich habe die Telefonnummer noch nicht vergessen.	Später werde ich sie vergessen. Ich weiß die Telefonnummer noch.
Wenn ich nicht aufhöre, mit dem Chef zu streiten, werde ich nie befördert.	Ich streite mit dem Chef Ich will befördert werden Ich streite mit dem Chef öfter. Wenn ich aufhöre, dann werde ich befördert. Ich kann aufhören.

Das Milton-Modell – hypnotische Sprachmuster

Vielleicht fragen Sie sich jetzt noch, wie Sie schon bald hypnotische Sprachmuster in Ihrem privaten und beruflichen Umfeld einsetzen werden und während Sie die folgenden Seiten lesen, wird Ihnen schnell klar, wie leicht es ist, positive Veränderungen zu bewirken, nicht nur bei Ihnen selbst, sondern auch bei anderen Menschen und es ist sehr gut, dass Sie sich das fragen, denn dadurch werden Sie noch schneller lernen, Ihre Sprache gezielt und geschickt einzusetzen!

Erickson, der Begründer der modernen Hypnotherapie.

Mit dem äußerst spannenden und interessanten Kapitel zum Milton-Modell schließen wir das Thema Sprachmuster ab. Namensgeber des Milton-Modells ist der legendäre Hypnotherapeut Milton H. Erickson, der die moderne, klinische Hypnotherapie begründet hat, die immer mit seinem Namen verbunden bleiben wird. Schon zu Beginn des Buches, als es um die Entstehung von NLP ging, tauchte der Name Erickson als einer der drei therapeutischen Meister auf, die Richard Bandler und John Grinder analysierten und dessen erfolgreiche Kommunikationsstrukturen sie festhielten.

Erickson's Arbeitsweise: neu, anders, ungewöhnlich

In den 50er Jahren des vorigen Jahrhunderts begann Milton Erickson's Wirken. Damals war die Psychologie noch immer sehr stark von der Freud'schen Psychoanalyse und dessen Auffassung der menschlichen Psyche und dessen Menschenbild geprägt.

Erickson betonte vehement die positive Rolle des Unbewussten (das, worauf unsere Aufmerksamkeit gerade nicht gerichtet ist). Anders als bei Freud, für den das Unterbewusstsein der Bereich der verbotenen, verdrängten und unerwünschten Triebe und Ängste darstellt, ist für Erickson das Unbewusste eine unerschöpfliche, wertvolle und für den Menschen sehr positive Ressource. Das Unbewusste beinhaltet alle wertvollen Erfahrungen, Fähigkeiten und Fertigkeiten eines Menschen, die er in seinem Leben erworben hat, die jedoch normalerweise kaum genutzt werden – zumindest nicht bewusst.

In Trancezuständen findet der Klient wieder Zugang zu seinen unbewussten Ressourcen und kann sie aktivieren, um Probleme zu lösen oder Veränderung schneller und erfolgreicher herbeizuführen.

Das Unbewusste

Rufen wir uns noch einmal in Erinnerung: Das Bewusste ist das, worauf im gegenwärtigen Moment die Aufmerksamkeit gerichtet ist, während das Unbewusste das ist, worauf die Aufmerksamkeit gerade nicht gerichtet ist. Bewusstes und Unbewusstes sind also eins.

Die große Bedeutung des Unbewussten

Die folgende Auflistung (nach Tad James) unterstreicht die Bedeutung des Unbewussten für unsere Persönlichkeit, unser Handeln, Denken und Fühlen. Das Unbewusste ist die Quelle für positive Energie und verborgene Fähigkeiten. Zugang zu ihnen hat man am einfachsten, wenn man sich in einem Trance-Zustand befindet. Im Kapitel über Selbstmanagement werden wir uns intensiv mit dem Thema Trance und wie man sich selbst in einen Trancezustand versetzen kann, beschäftigen.

Die Aufgaben des Unbewussten sind sehr vielfältig:

- Steuern und Erhalten des Körpers (z.B. das Atmen)
- Kommunizieren mit dem Bewusstsein
- Speichern von Erinnerungen
- Erzeugen von Emotionen
- Organisieren jeder Erinnerung
- Verdrängen von Erinnerungen mit ungelösten negativen Emotionen
- Präsentieren von verdrängten Erinnerungen um sie zu „rationalisieren"
- Kontrollieren und erhalten jeder Wahrnehmung, und weiterleiten an das Bewusstsein
- Reagieren mit Gewohnheiten, Instinkt und Intuition

Die Eigenschaften des Unbewussten:

- Es kennt den Körper wie er jetzt ist
- Es kennt perfekte Gesundheit
- Es ist ein moralisches, ethisches Wesen
- Es befolgt Anweisungen und Befehle
- Es braucht Wiederholung bei langzeitigen Projekten
- Es erzeugt, speichert, verteilt und überträgt „Energie"
- Es braucht keine Teile, um zu funktionieren
- Es nimmt alles persönlich und wörtlich
- Es arbeitet nach dem Prinzip der geringsten Anstrengung und des geringsten Aufwands

Die Sprachmuster von Milton Erickson

Unter dem Milton-Modell versteht man die Sprachmuster von Milton H. Erickson, mit denen er gezielt das Unbewusste seiner Klienten ansprach, um wirksam Veränderung hervorzurufen. Die von Milton Erickson eingesetzten Sprachmuster sind nicht nur sehr nützlich um einen Trancezustand zu induzieren, sondern können auch sehr wirkungsvoll in der beruflichen oder alltäglichen Kommunikation eingesetzt werden.

Wenn Sie die folgende Liste der Sprachmuster lesen, werden Sie einige womöglich wiedererkennen, denn manche Kategorien haben Sie bereits beim Metamodell kennen gelernt. Und richtig: Das Milton-Modell ist u.a. die Umkehrung des Metamodells, d.h. wenn wir die Sprachmuster von Milton Erickson einsetzen, dann begehen wir ganz bewusst und gezielt Metamodell-Verletzungen! Während das Metamodell die Sprache präzisieren möchte, liegt der Erfolg des Milton-Modells gerade in der Vagheit der Sprache!

Manchmal kommunizieren wir mit einer sehr heterogenen Gruppe von Menschen. Hier ist es günstig, möglichst unspezifisch zu sprechen, damit sich jeder angesprochen fühlt. Auch in der Werbung, in der ja in der Regel eine anonyme Masse von Personen der Kommunikationspartner ist, versuchen die Werbetexter, das Publikum möglichst vage anzusprechen. Oder Politiker: Sie sind Meister der unklaren Formulierungen. Damit stellen sie sicher, dass sich jeder das vorstellen kann, was er möchte – und dass keiner sie auf spezifische Aussagen festlegen kann.

Das Unbewusste ist eine Quelle positiver Energie und setzt Entspannung voraus.

z. B. **Zwei Beispiele für den geschickten Einsatz des Milton-Modells**

Neulich kam im Fernsehen eine Sendung mit den Zusammenschnitten von Szenen, in denen irgendetwas schief gelaufen ist: In einer dieser Szenen ist eine Nachrichtenmoderatorin zu sehen, die immer wieder fragt, wer denn der nächste Korrespondent sei, in welchem Land er überhaupt sei und zu welchem Thema sie ihn interviewen solle. Der Regisseur sagt nur noch, „Er heißt Greuter und in drei Sekunden seid ihr live drauf!“ Die Moderatorin lächelt professionell und stellt eine sehr geschickte Frage, die zu jedem Ereignis in jedem Land passen würde: „Herr Greuter, Sie sind ja für uns direkt vor Ort. Können Sie uns kurz über die neuesten Entwicklungen informieren? Wie schätzen Sie die Lage ein?“

Wichtige Sprachmuster

Die folgende Liste enthält die wichtigsten Sprachmuster des Milton-Modells.

Gedankenlesen	Ich weiß, du wunderst dich gerade ....
Verlorener Performativ	... und es ist gut, sich zu wundern ...
Ursache-Wirkung	... weil ...
Komplexe Äquivalenz	... das bedeutet ...
Präsuppositionen	... dass du noch mehr lernst ...
Universelle Quantifizierung	... und all diese Dinge, diese vielen Dinge ...
Modaloperatoren	... die du lernen kannst ...
Nominalisierungen	... bringen dir neue Einsichten und Erkenntnisse
Unspezifische Verben	... und du erlebst dabei neue Möglichkeiten ...

Das Milton-Modell im Alltag einsetzen

Schreiben Sie einen kleinen, kurzen Werbetext – egal zu welchem Produkt oder Dienstleistung – und verwenden Sie ausschließliche positive Milton-Sprache!

____

____

____

➤ *Die Anwendung des Milton-Modells ist immer dann sinnvoll und angebracht, wenn es die Situation erfordert, dass Sie möglichst vage und unspezifisch kommunizieren müssen.*

8 Selbstmanagement für alle

Gutes Selbstmanagement ist heute nicht nur eine Schlüsselqualifikation für Erfolg in vielen Berufen, sondern auch ein wichtiges Kriterium für Zufriedenheit und Glück im Privatleben. Es bedeutet, mit negativem Stress, Druck und hohen Anforderungen gut klarzukommen, unangenehmen Situationen gewachsen zu sein, gut mit seinen Gefühlen umgehen zu können, sich selbst gut im Griff zu haben. Dabei hilft eine der bekanntesten Techniken im NLP, das Ankern. Hier geht es um die Kontrolle und das bewusste Hervorrufen positiver innerer Zustände.

Selbstmanagement für alle

Ziel dieses Kapitels: bewusst Zustandswechsel herbeiführen, Emotionen hintenanstellen, Anker setzen, Trancetechniken nutzen

Selbstmanagement

Ein gutes Selbstmanagement ist heutzutage nicht nur eine Schlüsselqualifikation für Erfolg in vielen Berufen, sondern auch ein wichtiges Kriterium für Zufriedenheit und Glück im Privatleben.

Selbstmanagement bedeutet:

- mit negativem Stress, Druck und hohen Anforderungen gut klarkommen,
- unangenehmen Situationen gewachsen sein,
- gut mit seinen Gefühlen umgehen können,
- sich selbst gut im Griff haben.

z. B. **Ein Beispiel für schlechtes Selbstmanagement**

Architekt Carsten stellt in einer Präsentation seinen Entwurf für die Umgestaltung eines alten Bauernhauses vor. Man merkt ihm deutlich an, dass er viel Zeit und viel Mühe in dieses Konzept gesteckt hat und er stolz auf sein Ergebnis ist.

Am Schluss des Vortrags wartet er auf die Reaktion seiner Auftraggeber, einem jungen Ehepaar. Der Mann meint: „Nun ja, Sie haben zwar alle unsere Wünsche in Ihr Konzept integriert, aber irgendwie ist das nicht das, was wir uns vorgestellt haben!" Carsten ist etwas konsterniert, denn er hat die Ausarbeitungen immer wieder mit den Kunden abgesprochen.

„Wie meinen Sie das?" fragt er nach. „Naja, eigentlich wollen wir das doch ganz anders haben! (...)". Carsten ist wütend: Wochenlange Arbeit und Mühe waren umsonst, nur weil sich das Paar ohne ihn zu informieren für ein ganz anderes Konzept erwärmt hat.

Carstens Stimme zittert ein wenig als er in scharfem Ton den Mann angeht: „Also ich muss Ihnen sagen, das ist jetzt schon fast ein bisschen unverschämt! Erst lassen Sie mich an Ihrer Idee arbeiten und dann informieren Sie mich nicht, wenn sich Ihre Idee ändert!" Der Mann fühlt sich angegriffen und gibt zurück: „Na hören Sie mal, wir sind doch schließlich die Kunden. Wenn Sie nicht in der Lage sind, unsere Ideen adäquat umzusetzen, dann ist das doch Ihr Problem!" Da kann Carsten nicht mehr an sich halten: „Ich bitte Sie! Ihre Idee war doch eh völlig schwachsinnig! Wenn ich nicht das Beste draus gemacht hätte, dann wäre das die Lachnummer des Dorfes geworden!"

Und so geht es eine Weile hin und her. Zu guter Letzt verlässt das Paar wütend das Büro und entzieht Carsten den Auftrag. Carsten ist so sauer, dass er seine Dose mit Stiften quer durchs Zimmer schleudert, seinen Kollegen anbrüllt, er solle sich verp... und abends seine Familie mit schlechter Laune tyrannisiert. Nachts liegt er lange wach und morgens ist er dementsprechend unausgeschlafen. Die gesamte Woche ist er kaum ansprechbar!

Das Beispiel verdeutlicht, dass die Reaktion von Carsten aus seiner Sicht zwar durchaus verständlich ist, jedoch viele negative Konsequenzen hat: Er verliert Kunden, er lässt seinen Ärger an Kollegen aus, macht Gegenstände kaputt, belastet seine Familie und strapaziert seine Gesundheit (= kein gutes Selbstmanagement!). Ganz anders reagiert Tanja, eine junge Architektin, die das Ehepaar aufsucht, nachdem sie von Carsten „so enttäuscht" wurden.

z. B. **Ein Beispiel für gutes Selbstmanagement**

Vier Wochen später, in einem anderen Teil der Stadt, stellt Tanja in einer Präsentation ihren Entwurf für die Umgestaltung des alten Bauernhauses vor. Man merkt ihr deutlich an, dass sie viel Zeit und viel Mühe in dieses Konzept gesteckt hat und dass sie nun sehr stolz auf ihr Ergebnis ist.

Am Schluss des Vortrags wartet sie auf die Reaktion ihrer Auftraggeber, dem schon bekannten jungen Ehepaar. Der Mann meint etwas zögerlich: „Nun ja, Sie haben zwar alle unsere Wünsche und Anforderungen in Ihr Konzept integriert, aber irgendwie ist das nicht das, was wir uns vorgestellt haben!" Tanja ist konsterniert, denn sie hat die Ausarbeitungen immer wieder mit den Kunden abgesprochen. Sie spürt Wut in sich hochsteigen.

Sie atmet tief durch und denkt an das, was ihre Großmutter einmal zu ihr gesagt hat: „Wenn Du in Situationen bist, in denen Du am liebsten aufbrausen möchtest, aber nicht solltest, dann stell Dir vor, Du bist schon eine alte Frau und schreibst diese Situation als eine Episode unter vielen in Deine Memoiren." Dieser Trick hat bisher fast immer funktioniert.

Tanja reckt entschlossen das Kinn, richtet sich auf, atmet ganz langsam aus und sagt: „Gut, dann lassen Sie uns den Entwurf noch mal in Ruhe durchgehen. Ich habe hier die Entwicklung des Konzepts mitgebracht, dann können wir genau feststellen, mit welchen Sachen Sie nicht einverstanden sind, okay?"

Zweieinhalb Stunden später schließt Tanja die Tür hinter dem Paar, das nach langem Hin und Her schließlich sehr zufrieden das endgültige Konzept per Unterschrift abgenommen hat. Erschöpft greift Tanja zum Telefonhörer und ruft ihren Freund an: „Wie wäre es, wenn wir heute Abend ins Kino gehen und danach beim Italiener einen kleinen Happen zu uns nehmen? Ich kann etwas Unterhaltung und Entspannung gut gebrauchen! Außerdem gibt es einen Abschluss zu feiern."

Selbstmanagement durch bewussten Zustandswechsel

In beiden Beispielen haben wir die gleiche Ausgangssituation: Beide haben mit großem Engagement an dem Entwurf gearbeitet, beide sind mit sich selbst zufrieden, auf beide Entwürfe reagiert das Paar gleich und beide werden aufgrund dieser Reaktion wütend. Dann jedoch entwickelt sich der weitere Verlauf anders: Carsten hat seine Emotionen nicht im Griff und leidet noch lange unter ihnen, während Tanja

mit dieser unangenehmen Situation gut umgehen kann und dafür sorgt, dass sie sich nach diesem Nachmittag etwas Gutes tut.
Als NLPler fragen wir: Was genau macht Tanja anders als Carsten? Warum hat sie ihre Gefühle besser unter Kontrolle als Carsten?
Im NLP analysieren wir also solche Beobachtungen und suchen die Strukturen für erfolgreiches Selbstmanagement, um sie anderen Menschen zugänglich zu machen.

Das Geheimnis eines guten Selbstmanagements liegt – kurz gesagt – im Einnehmen eines bestimmten mentalen Zustandes. Im NLP gehen wir von zwei grundlegenden, mentalen Zuständen aus:

1. dem assoziierten und
2. dem dissoziierten Zustand.

Bevor wir nun näher auf diese beiden Zustände eingehen, möchte ich Sie bitten, das folgende kleine Gedankenexperiment mitzumachen.

Gedankenexperiment

Denken Sie nun an irgendeine Begebenheit, z.B. wie Sie kochen oder Sport treiben oder im Garten arbeiten oder in den Bergen oder bei der Arbeit sind.
Frage: Sehen Sie sich von außen (sind also als Person auf dem Bild drauf) oder sehen Sie die Situation aus Ihren Augen heraus?

1. Bitte versetzen Sie sich nun in eine peinliche Situation aus Ihrem Leben! (z.B. als Sie eine unpassende Bemerkung machten, jemanden duzten statt siezten, über jemanden geredet haben und dann merkten, dass die Person direkt hinter Ihnen steht o.ä.!)
2. Bitte erleben Sie für ca. 10 bis 15 Sekunden diese Situation so als würden Sie in Ihrem Körper drin stecken, und Ihre Umgebung aus Ihren Augen heraus erleben. Fühlen Sie Ihren Körper und Atem und erleben Sie die Situation als wäre sie jetzt.
Nach 10 bis 15 Sekunden: STOPP
3. Denken Sie nun an die Situation, indem Sie sie von außen betrachten, Sie sind also auf diesem Bild/Film zu sehen. Richten Sie Ihren Körper auf, schauen nach oben und schalten Sie evtl. eine kommentierende Stimme ein.
Nach 10 bis 15 Sekunden: STOPP

Welchen Unterschied zwischen diesen beiden Varianten haben Sie festgestellt?

Die Emotionen ausbremsen

In aller Regel erleben die Menschen eine peinliche Situation dann als sehr vehement, wenn sie wie in der Übung unter 2. auch in der Erinnerung noch voll in ihr drin stecken. Diesen Zustand nennt man den assoziierten Zustand. Geht man aber aus diesem assoziierten Zustand heraus und betrachtet wie ein neutraler Beobachter, z.B. von außen, dann wird eine Distanz zu den unangenehmen Gefühlen geschaffen, sie werden dadurch deutlich weniger stark erlebt. Dieser Zustand wird dissoziiert genannt.
Kurz gesagt: Assoziiert bedeutet, emotional beteiligt sein und emotional reagieren. Dissoziiert bedeutet, emotional nicht beteiligt sein und emotionslos reagieren.

assoziiert
emotionsgeladen/emotional
z.B. wie durch eigene Augen sehen

Merkmale	Vorteile
• drin sein • präsent sein • ich-bezogen • involviert • betroffen • direkt	• bei schönen Ereignissen • für Mitgefühl, Begeisterung, Energie • subjektiv

dissoziiert
emotionslos/eher rational reagieren
z.B. wie mit der Kamera aufgenommen

Merkmale	Vorteile
• Abstand • Überblick • Distanz • draußen sein • Zuschauer • tangiert nicht	• Bei neg. Ereignissen, Stress, Problemen, Schmerz, Belastungen, neg. Erinnerungen • analytisch, Überblick • objektiv

Wer je nach Situation angemessen zwischen assoziiertem und dissoziiertem Zustand hin und her wechseln kann, beweist ein gutes Selbstmanagement. Immer dann, wenn es gut ist, Gefühle zu zeigen oder zu haben, kann man in einen assoziierten Zustand gehen, wenn die Umstände es erfordern, dass die eigenen Gefühle möglichst nicht die „Oberhand" bekommen, dann geht man in einen dissoziierten Zustand.

- Beispiele, wann ein dissoziierter Zustand günstiger ist, sind: Schmerzen, schreiendes Kind im Supermarkt, Zahnarztbesuch, beim unsympathischen Kollegen X oder dem äußerst schwierigen Kunden Y ...

Auch wenn es schwer fällt: betrachten Sie stressige Situation von „außen".

- Beispiele, wann ein assoziierter Zustand günstiger ist, sind: motivieren, spielen, überzeugen, mit guten Freunden zusammen sein, ein Baby im Arm halten ...

Das Prinzip der assoziierten und dissoziierten Zustände wird in vielen NLP-Techniken genutzt. Übrigens: Auch erinnerte oder vorgestellte Situationen können assoziiert oder dissoziiert erlebt werden, nicht nur gegenwärtige.

Wie der Zustandswechsel klappt

In unseren beiden Beispielen zu Beginn dieses Kapitels haben wir erlebt, dass Carsten sich durchweg in einem assoziierten Zustand befand, während Tanja im richtigen Moment in einen dissoziierten Zustand ging. Dadurch hat Tanja die Situation deutlich besser gemeistert. Voraussetzung, um von einen in den anderen Zustand wechseln zu können, ist, dass man erstens von diesen beiden Zuständen weiß und zweitens dass man sie kontrollieren kann. Das ist nicht so einfach, denn normalerweise hat jeder Mensch einen bevorzugten mentalen Zustand, das ist ebenfalls ein Muster oder eine Gewohnheit! Manche Menschen sind zu 80 Prozent im dissoziierten („der kühle Informatiker"), andere sind zu 80 Prozent im assoziierten („die empathische Sozialpädagogin") Zustand.

Wir wissen ja: das Gehirn ist einfallslos und faul und wenn wir ungünstige Muster durchbrechen wollen, dann müssen wir trainieren und üben. Bevor Sie in der anschließenden Übung beginnen, Ihren mentalen Muskel zu trainieren haben wir noch einige Tipps zusammengestellt, wie das Umschalten in den dissoziierten „Modus" bei verschiedenen Menschen am besten funktioniert.

Tipps für leichtes Dissoziieren

- Ich schaue nach oben und richte mich auf.
- Ich mache innerlich immer einen Kommentar: „Das ist ja interessant!"
- Ich stelle mir vor, wie Mr. Spock vom Raumschiff Enterprise es ausdrücken würde. „Faszinierend!"
- Ich lasse eine innere, kommentierende Stimme zu mir sprechen. Sie spricht über mich, z.B. „Na, da bin ich ja mal gespannt, wie sie sich aus dieser Situation wieder rausmanövriert!"
- Ich betrachte die Situation immer wie durch eine Videokamera. Da bin ich dann selbst im Film drauf. Dadurch gewinne ich den nötigen Abstand.
- Ich frage mich dann: „Wie würde ich in zehn Jahren darüber denken?" Dadurch wird viel Druck rausgenommen!
- Ich lehne mich in der Situation einfach zurück, und hebe den Kopf etwas – und nehme ihn zurück!
- Sprachlich kann man sehr gut emotionalen Abstand herbeiführen: „sehe klar" oder „betrachte Dich selber" oder „sehe Dich mit Abstand".
- Ich trenne klar zwischen einer emotionalen und einer rationalen Haltung.

Tipps für leichtes Assoziieren

- Die Verwendung von bestimmten Wörtern: „fühlen", „spüren", „riechen", „jetzt erleben", „empfinden"
- Ich versetze mich ganz bewusst mit allen Gefühlen in die Situationen hinein. Jede Emotion und jede Empfindung wird registriert.
- Ich achte immer auf meinen eigenen Atem. Ich achte darauf, wie sich gerade meine Beine anfühlen oder der Rücken an der Stuhllehne.

Probieren Sie die Möglichkeiten aus, variieren Sie die Vorschläge und stellen Sie fest, welche am besten bei Ihnen funktioniert und trainieren Sie diese Variante so oft wie möglich! Dadurch werden Sie in kurzer Zeit in der Lage sein, selbst Kontrolle über ihre Emotionen zu haben und Manager bzw. Managerin Ihrer Gefühle zu sein!

Training für den mentalen Dissoziations-Muskel

Erstellen Sie Ihren persönlichen Trainingsplan für Ihren Dissoziationsmuskel!

1. Überlegen Sie sich zunächst zehn unangenehme Situationen, die Sie erlebt haben oder stellen Sie sie sich vor. Situation 1 ist ein bisschen unangenehm, Situation 2 schon etwas unangenehmer, bis hin zur Situation 10, die für Sie sehr unangenehm ist.
2. Gehen Sie nun assoziiert in die erste, am wenigsten unangenehme Situation hinein und erleben Sie sie mit all den dazugehörigen Gefühlen.
3. Dissoziieren Sie sich nun von dieser Situation. Sobald Sie diese Situation nicht mehr als unangenehm empfinden, sondern eher neutral, gehen Sie zu Schritt 4. über.
4. Gehen Sie nun in dissoziiertem Zustand Situation für Situation in steigender Reihenfolge durch. Wichtig ist, dass Sie alle Situationen als nicht mehr unangenehm sondern mindestens neutral erleben. Und erst dann zur nächstschwierigen Stufe weitergehen, wenn Sie erfolgreich „neutral“, d.h. dissoziiert die Situation betrachtet haben. Selbst die 10. Situation können Sie sich dann gelassen vergegenwärtigen.

Probieren Sie gegebenenfalls verschiedene Varianten von Dissoziationsmöglichkeiten aus!

Selbstmanagement durch Verwendung der drei Wahrnehmungspositionen

Wie wir die Welt erleben

Wir haben schon viel darüber gelernt, dass es viele verschiedene Möglichkeiten gibt, die Welt zu erleben und zu verarbeiten. Menschen nehmen Informationen, Ereignisse, Erfahrungen und Eindrücke aus ihrer Umwelt ganz unterschiedlich wahr, z.B. je nachdem welches Weltmodell sie im Kopf haben oder welches Repräsentationssystem sie bevorzugen.

Oft erleben wir in Diskussionen mit anderen, dass wir uns selbst sagen oder von anderen hören: „Aus diesem Blickwinkel heraus betrachtet, ist das natürlich etwas ganz anderes!“ John Grinder und Judith DeLozier haben drei Möglichkeiten, wie wir Erfahrungen betrachten können, unterschieden. Mit Hilfe des Modells der drei Wahrnehmungspositionen können wir andere Sichtweisen leichter kennen lernen, uns auf andere Weltmodelle einstellen und andere Perspektiven einnehmen.

So können stressige, unangenehme und konfliktreiche Situationen besser vorbereitet und verstanden werden.

Stress verengt den Blickwinkel.

Die drei Wahrnehmungspositionen

- In der 1. Wahrnehmungsposition (ICH) erleben wir die Welt aus unserer eigenen Perspektive heraus, gemäß unserem eigenen Weltmodell und aus unserem Blickwinkel heraus. Dabei sind wir assoziiert und erleben die Situation mit allen Sinneseindrücken und Gefühlen.
- Wenn wir uns in die 2. Wahrnehmungsposition (DU) begeben, dann empfinden wir die Situation so wie eine andere Person sie erleben würde. Wir schlüpfen also in einen anderen Menschen hinein und nehmen die Situation aus dessen Blickwinkel und Perspektive mit all seinen Gefühlen und Sinneseindrücken wahr. Dabei sind wir ebenfalls meist im assoziierten Zustand. Die Fähigkeit, sich in die Lage und Gefühle anderer Personen hineinzuversetzen, wird auch Empathie genannt!
- Aus der 3. Wahrnehmungsposition (BEOBACHTER/ER/SIE/ES) heraus betrachten wir analytisch und beobachtend die Situation als unbeteiligter Dritter ohne emotionale Beteiligung. Dadurch behalten wir einen „klaren" Kopf und gewinnen viele wichtige Informationen, die wir weder aus der 1. noch aus der 2. Position heraus gewinnen könnten. In dieser Position sind wir meist dissoziiert.

Alle drei Positionen sind gleichermaßen wichtig und es gehört zu den entscheidenden Fähigkeiten für ein gutes Selbstmanagement, kontrolliert und flexibel zwischen den drei Posi-tionen hin und her wechseln zu können.

z. B. **Wie die Publizistin Caroline Artikel schreibt**

Caroline ist eine sehr erfolgreiche Autorin. Sie schreibt für verschiedene Zeitschriften rund um das Thema Reisen und ferne Länder.

Wenn sie beginnt, einen Artikel zu schreiben, dann ist sie voll und ganz in der 1. Position. Sie beschreibt ihre Eindrücke aus ihrer Perspektive, wie sie sie empfunden und erlebt hat. Wenn sie damit fertig ist, wechselt sie die Position und versetzt sich in den Leser hinein (2.Position). Wie würde sie als Leserin diesen Artikel empfinden? Was löst er bei ihr aus? Versteht sie alles? Sind alle Informationen vorhanden? Kommt das gewisse Feeling rüber? Danach versetzt sie sich in die Position des verantwortlichen Redakteurs. Würde sie an ihrer Stelle den Artikel annehmen? Erlebt sie ihn als passend zur Zeitschrift? Gefällt ihr der Schreibstil?

Und zum Schluss betrachtet sie den Artikel noch ganz analytisch ohne emotionale Beteiligung (3.Position): Sind alle wichtigen Fakten drinnen? Ist er handwerklich gut gemacht? Ist er vollständig? Ist er orthographisch korrekt?

Erst wenn Caroline aus allen drei Wahrnehmungspositionen heraus mit dem Artikel zufrieden ist, schickt sie ihn an die Zeitschriften.

Positionswechsel funktionieren unbewusst

Jeder von uns befindet sich immer wieder mal in der ersten, mal in der zweiten oder auch mal in der dritten Position. Normalerweise ist uns dies nicht bewusst und auch hier gibt es – kontextabhängig – bevorzugte Positionen:

- Einige Menschen sind zu 75 Prozent in der

1. Position und betrachten die Welt vor allem aus der eigenen Perspektive heraus. Manchen ist es sogar unmöglich aus der ICH-Position herauszukommen, was natürlich eine pathologische Situation ist, denn diese Personen sind überhaupt nicht in der Lage sich in andere Menschen und deren Gefühle hineinzuversetzen. Dieses Phänomen ist bei vielen Gewaltverbrechern zu beobachten, diese müssen oftmals erst lernen, empathisch zu sein.

- Dann gibt es natürlich auch Menschen, die zu 75 Prozent in der assoziierten DU-Position sind, die ständig die Welt und sich selbst aus der Perspektive anderer erleben. Das hat zur Folge, dass sie ihre eigenen Gefühle, Bedürfnisse und Ziele vernachlässigen. Das kann so weit führen, dass sie nur noch nach den vermeintlichen (auch gesellschaftlichen) Anforderungen anderer leben. In vielen sozialen Berufen tritt immer wieder das Problem auf, dass Sozialpädagogen, Ärzte, Psychologen usw. mit den Schwierigkeiten anderer zu sehr mitleben, mitfühlen und sich – auch abends oder am Wochenende – nicht mehr davon lösen können. Burn-Out-Syndrome haben viel damit zu tun, dass man zu häufig in der 2. Position lebt.
- Es gibt aber auch viele Menschen, die sich die meiste Zeit in der 3. Position befinden, die abgekoppelt von den eigenen Gefühlen und denen anderer leben. Sie sind die kühlen Beobachter, an die nur schwer ranzukommen ist. Sie sind kaum zu begeistern, zu motivieren oder überhaupt irgendwie gefühlsmäßig anzusprechen.

Wer in der Lage ist, sich kontrolliert und bewusst zwischen den drei Positionen je nach Erfordernis zu bewegen, der kann klug handeln und sich selbst optimal managen.

Eigene Positionen wahrnehmen

Überlegen Sie sich eine Beziehung zu anderen Menschen, mit der Sie nicht hundertprozentig zufrieden sind und die Sie belastet (z.B. ein immer wieder kehrender Streit oder eine Missstimmung zwischen Ihnen und Kollegen, Familienmitgliedern, Nachbarn etc.).
Denken Sie nun darüber nach, aus welcher Position heraus Sie in dieser Situation agieren. Sind Sie da vor allem in der 1. Position oder eher in der 2.? Oder in der 3. Position?

Gerade an Konflikten kann man gut erkennen, in welcher Position man sich selbst bevorzugt aufhält.

Während die einen sich selbst in der Konfliktsituation meist aus der Sicht des Konfliktpartners betrachten und dann oft sehr schnell nachgeben und sich denken „Das kann ich doch nicht fordern oder machen oder sagen!“ und am liebsten einer direkten Auseinandersetzung aus dem Weg gehen, haben andere diese Probleme überhaupt nicht: Sie sagen, was sie denken, glauben immer im Recht zu sein und nehmen gerne sehr schnell eine konfrontative Haltung ein.

Beide Varianten sind jedoch keine besonders guten Wege, mit Konflikten umzugehen oder sie vorzubereiten.

Wie man durch den Einsatz aller drei Wahrnehmungspositionen ein gutes Konfliktmanagement betreibt, zeigt der folgende Abschnitt.

Was ist Konfliktmanagement?

Unter Konfliktmanagement verstehen wir in erster Linie eine optimale, mentale Vorbereitung auf problematische Situationen, die durch unterschiedliche Auffassungen, Meinung oder Haltungen geprägt sind. Das können Konflikte, Beschwerden, Diskussionen, Beratungen oder Forderungen sein. Erst in zweiter Linie ist mit Konfliktmanagement ein guter Umgang mit Konflikten zu begreifen, während die Konfliktlösung hier gar nicht gemeint ist.

Das Prinzip des Konfliktmanagements: 1 – 3 – 2 – 3 – 1

Ausgehend vom eigenen Erleben der Konflikt-Situation dissoziiert man sich zunächst von dem Problem und geht gedanklich in die Beobachterposition. Dort betrachtet man das Problem wie ein neutraler, emotional unbeteiligter Dritter und lernt aus diesen Beobachtungen. Wenn man die Situation umfassend betrachtet und neutral analysiert hat, begibt man sich in die 2. Position. D.h. man schlüpft gedanklich in die andere („gegnerische“) Person hinein, nimmt deren Blickwinkel ein und erlebt die Gefühle und Empfindungen des anderen. Dadurch bekommt man einen Eindruck des Weltmodells des anderen und auch wie man selbst auf den anderen wirkt. Wenn man alles mitgenommen hat, was es aus dieser Position mitzunehmen gibt, geht man anschließend wieder in die dritte Position zurück.

Dort betrachtet man die Situation erneut als objektiver Beobachter – diesmal zusätzlich mit den Erkenntnissen und dem Wissen, das man in der 2. Position gewonnen hat. Hier entstehen die ersten Lösungsmöglichkeiten und Ideen für einen adäquaten Umgang mit dem Problem.

Mit all diesen neu gewonnen Informationen kehrt man wieder zur eigenen ICH-Position zurück und ist nun in der Lage, erstens Rapport zu seinem Gegenüber aufzubauen und zweitens sein Verhalten bezüglich der Situation optimal zu planen und vorzubereiten.

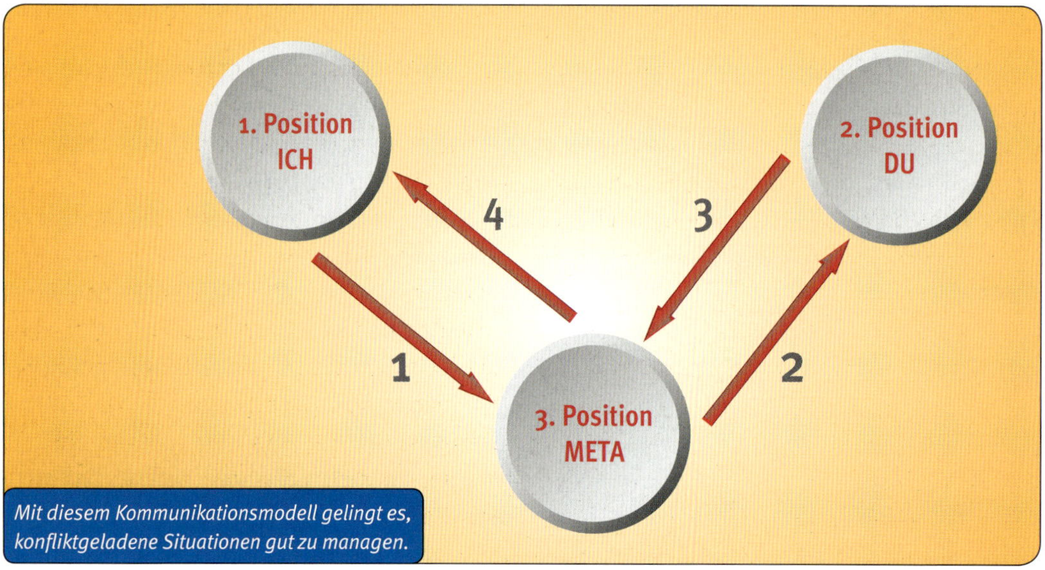

Mit diesem Kommunikationsmodell gelingt es, konfliktgeladene Situationen gut zu managen.

z. B.

Mentale Vorbereitung auf ein Gehaltsgespräch

Kevin arbeitet seit zwei Jahren als Produktmanager in einem mittelständischen Unternehmen, das spezielle medizinische Geräte herstellt und weltweit vertreibt. Seit einigen Wochen plant Kevin, bei seinem Vorgesetzten eine Gehaltserhöhung zu verlangen, da er seit seiner Einstellung keine bekommen hat. Auf dieses Gespräch bereitet er sich sorgfältig vor.

Zunächst überlegt er sich die Argumente, die aus seiner Sicht heraus für eine Erhöhung sprechen: Er arbeitet gut, verantwortungsvoll, hat erst einen krankheitsbedingten Fehltag und hat neulich sogar Nachwuchs bekommen!

Danach betrachtet er die Lage des Unternehmens: Die Umsätze sind stabil in den letzten Jahren und aufgrund des globalen Marktes ist die Firma von der nationalen Wirtschaftskrise relativ verschont geblieben. Dennoch ist auch kein nennenswertes Wachstum zu verzeichnen. Die Arbeit von Kevin analysiert er als sehr gut und zuverlässig.

Nun schlüpft er in die Person seines Chefs und nimmt dessen Sicht ein: Kevin als netter, zuverlässig und gut arbeitender Mitarbeiter, der immer loyal ist. Das war er schon von Anfang an und deswegen ist er auch eingestellt worden. Warum sollte er nun für die vereinbarte Arbeitsleistung plötzlich mehr Geld bekommen? Um ihn länger ans Unternehmen zu binden? Das ist heutzutage eigentlich kein Grund mehr, da zurzeit niemand mehr mit Kündigung drohen kann. Und wenn man jedem Mitarbeiter, der Kinder bekommt, gleich mehr zahlen würde, dann wäre das Unternehmen schon längst auf dem absteigenden Ast. Überhaupt muss man gerade in diesen Zeiten aufpassen, dass man ja nicht zuviel ausgibt und die Kosten dadurch zu groß werden. Einerseits würde er Kevin schon gerne mehr zahlen wollen, weil er seine Zuverlässigkeit belohnen möchte, andererseits kann er das ohne einen konkreten Grund nicht nach oben vertreten. Und da Kevin eh nicht der ist, der groß auf den Putz haut, kann man seine Forderungen noch am einfachsten abwehren.

Wieder in der Position des neutralen Betrachters wird klar: Kevin muss seinem Chef einen triftigen Grund bieten, z.B. ein spezielles Sonderprojekt, von denen es immer wieder welche gibt, annehmen oder die Umsetzung einer bestimmten Idee anbieten. Mit dieser zeitweisen Mehrarbeit und zusätzlichem Engagement kann er gute Argumente liefern. Zudem muss er eine selbstbewusste Haltung annehmen, die Abwehrversuche nicht so einfach machen.

Mental gut vorbereiten – dann wird ein Gehaltsgespräch nicht zur „Zitterpartie“.

Zurück in seiner eigenen Position arbeitet Kevin einige konkrete Vorschläge für interessante Sonderprojekte, die der Chef schon seit längerem angehen wollte, aus und freut sich dabei schon richtig, eines davon dann umzusetzen. Dabei sagt er sich immer wieder vor, dass er nicht nur dadurch die Gehaltserhöhung voll verdient hat!

Einsatzmöglichkeiten des bewussten Positionswechsels

Die Arbeit mit den drei Wahrnehmungspositionen kann nicht nur für die Vorbereitung von Konflikten oder Gesprächen, sondern auch für Präsentationen im Beruf, Vorschläge für private Freizeitaktivitäten oder Feste oder gar die Gestaltung von Websites, Einladungskarten etc. eingesetzt werden. Möglichkeiten, mehr auf sich selbst zu hören oder sich in andere hineinzuversetzen oder Situationen als neutraler Beobachter zu betrachten, sind ständig im beruflichen und privaten Alltag vorhanden.
Probieren Sie es aus und Sie werden ganz neue Sichtweisen kennen lernen und Ihre Ziele effektiver erreichen können.

Eine Konfliktlösung mental vorbereiten

Suchen Sie sich eine Konfliktsituation aus Ihrem beruflichen oder privaten Alltag, die Sie gerne lösen würden. Benennen Sie die Situation und definieren Sie das Ziel für die Konfliktlösung.
Gehen Sie nun Schritt für Schritt durch die einzelnen Wahrnehmungspositionen wie wir es weiter oben beschrieben haben. Schreiben Sie die einzelnen Informationen, die Sie in den Positionen gewonnen haben, auf. Planen Sie auf diesen Erkenntnissen basierend Ihr klärendes Gespräch.

Selbstmanagement durch Ankern

Kommen wir nun zu einer der frühesten und bekanntesten Techniken, die es im NLP gibt, dem Ankern. Beim Ankern geht es um die Kontrolle und das Hervorrufen positiver innerer Zustände und es gehört deswegen zum Bereich des Selbstmanagements.
Anker existieren ganz natürlicherweise und Sie haben selbst schon ganz häufig welche erlebt: z.B. haben Sie ein Lied im Radio gehört und wurden in eine ganz bestimmte Situation aus Ihrer Jugend versetzt. Oder Sie kamen vielleicht in die Wohnung Ihrer Nachbarin und dachten plötzlich an Ihre Oma, denn deren Wohnung hatte einen ganz ähnlichen Geruch. Oder Sie sehen in einem Büro eine Kopie eines Gemäldes und plötzlich geht es Ihnen gut, denn Sie wurden an eine liebe Freundin erinnert, die das Bild als Posterdruck in ihrer Küche hat.
Diese Liste könnte unendlich sein!
Die Technik des Ankerns wurde nicht aus dem NLP entwickelt (wie im übrigen vieles im NLP); hier liegt die große Leistung von Bandler und Grinder darin, ein theoretisches Modell aus der Psychologie, das außer in der Werbepsychologie fast keine Anwendung findet, in die Praxis transferiert zu haben, so dass man es auch im Alltag sehr gut und vor allem bewusst einsetzen kann.

Wie das klassische Konditionieren zum NLP kam

Mitte der 70er Jahre bekam diese Theorie (siehe Kasten) mit R. Bandler und J. Grinder nochmals eine Würdigung. Die beiden machten vor allem bei der Analyse bzw. der Begleitung und

Beobachtung der Workshops von Virginia Satir eine interessante Beobachtung: Sie bemerkten, dass Satir ganz oft an bestimmten Stellen oder Zeitpunkten bestimmte Gesten machte. z.B. legte sie einem Klienten die Hand auf die Schulter oder fasste ihn am Arm an. Später wiederholte sie diese Gesten. Bandler als Psychologe kannte das klassisches Konditionieren natürlich und plötzlich kam ihm die Erkenntnis: Was Virginia da macht, das war klassisches Konditionieren – auch wenn sie selbst keine Ahnung davon hatte!

Als Bandler und Grinder ihr diese Entdeckung mitteilten, setzte Virginia diese Methode bewusst und verfeinert ein. Dieses bewusste Konditionieren wird im NLP Ankern genannt.

Der Ursprung: Pawlow und seine Hunde

Ankern geht auf das klassische Konditionieren zurück, einem biologischen Grundprinzip, das um die letzte Jahrhundertwende von Iwan Petrovic Pawlow entdeckt wurde.

Pawlow war Mediziner und lebte um die letzte Jahrhundertwende in Russland. Was kaum jemand weiß: Er hat 1904 einen Nobelpreis für Medizin bekommen, aber nicht für die Entdeckung der klassischen Konditionierung, sondern für Erkenntnisse über die Tätigkeit von Verdauungsdrüsen. Bekannt geworden ist das klassische Konditionieren durch die Experimente mit den Hunden und der Glocke – entdeckt hat Pawlow es jedoch bei seinen Forschungen zu Verdauungsfunktionen.

Iwan Petrovic Pawlow

Das war so: Pawlow hatte eine Reihe von Hunden, bei denen er die Verdauungstätigkeiten genau untersuchte und alle möglichen Messungen vornahm. So stellte er fest, dass die Hunde immer dann zu Speicheln anfingen, wenn ihnen Futter vorgesetzt wurde. Für Pawlow war sehr interessant, dass die Verdauung also schon begann, bevor die Hunde auch nur einen Happen zu sich nahmen. Diesen Speichelfluss hat Pawlow gemessen und untersucht.

Und eines Tages - wie so oft bei genialen Entdeckungen - kam der Zufall zu Hilfe. Normalerweise brachte immer ein bestimmter Wärter das Futter für die Hunde. Und weil dieser Wärter vergessen hatte, Pawlow über einen anderen Hund etwas mitzuteilen, kam der Wärter zu völlig unüblicher Zeit in den Untersuchungsraum zurück. Ohne Futter. Und was passierte? Die Hunde fingen an zu sabbern. Pawlow sah das und konnte sich überhaupt keinen Reim darauf machen. Warum sabbern die, wenn weit und breit kein Futter ist?

Nach einigem Hin und Her konnte man beobachten, dass immer, wenn dieser spezielle Wärter auftauchte, die Hunde zu sabbern anfingen. Es hing eindeutig mit diesem Wärter zusammen. Ab diesem Zeitpunkt beschäftigte sich Pawlow mit diesem Phänomen, machte eine Reihe von Experimenten und entdeckte das biologische Grundprinzip der klassischen Konditionierung, das dann in die Psychologie integriert wurde. Eine praktische Anwendung hatte es nicht wirklich gefunden (abgesehen von der Werbepsychologie ab Mitte der 80er Jahre).

z. B. **Beispiele für das klassische Konditionieren im Alltag**

1. Susann und ihr Freund Peter haben sich gerade ihr Abendessen gekocht: Knödel in Champignon-Sahnesauce. Während des Essens werden sie von einem Anruf unterbrochen. Ein Nachbar von Susanns Mutter ruft an und übermittelt ihr die traurige Nachricht, dass die Mutter plötzlich zu Hause gestorben sei. Susann isst noch ein paar Bissen und schiebt dann den Teller weg.
Sechs Wochen später kocht Peter zu Abend, und wieder gibt es Knödel mit Champignon-Sahnesauce. Susann sieht das Essen nur und wird von einer großen Traurigkeit übermannt. Seit diesem Tag ist dieses Gericht vom Essensplan gestrichen.
2. Toni fährt mit zwei Freunden in den Urlaub. Auf dem Weg stellen sie fest, dass sie ihre CDs zu Hause vergessen haben. Deswegen hören sie die einzige CD, die sich im Player befunden hat: Brian Adams. Immer wieder. Und sie verbringen einen wunderschönen Urlaub in Italien! Ein halbes Jahr später sitzt Toni am Küchentisch und plötzlich geht es im gut. Er fühlt sich wohl und entspannt und denkt an Italien und an den tollen Urlaub, den er mit seinen Freunden hatte. Und im Hintergrund läuft ein Lied von Brian Adams im Radio!
3. Tabea ist schlecht gelaunt. Ein Kundentermin hat sich in letzter Minute zerschlagen, ein Termin auf den sie sich lange und intensiv vorbereitet hatte! Sehr ärgerlich. All die Mühe umsonst! Und danken wird ihr das nun sowieso keiner! Wütend stampft sie die Straße hinunter. Auf einmal riecht sie das After Shave eines vorbeigehenden Mannes. Und mit einem Mal ist der ganze Ärger wie weggeflogen.
Tabea wird gelassen und denkt sich: Ich mache halt so schnell wie möglich wieder einen Termin aus und verwende die Vorbereitungen auch für andere Kunden. Dass dieses After Shave das gleiche ist, das ihr neuer Freund, in den sie frisch verliebt ist, verwendet, ist ihr in diesem Moment gar nicht bewusst.

Das Ankern

Allen drei Beispielen ist gemeinsam, dass die Konditionierung zufällig, ungesteuert und unbewusst ablief. Die Idee vom Ankern ist aber, dass man sich dieses Prinzip bewusst zunutze macht und gezielt einsetzt, um:

- Zustände zu verändern
- ressourcevolle Zustände herzustellen oder zu halten
- Zustände der einen Situation (z.B. Selbstbewusstsein innerhalb der Familie) auf andere Situationen (z.B. Selbstbewusstsein gegenüber Kollegen) zu übertragen.

Dadurch sind wir in der Lage, unsere Zustände positiv zu beeinflussen und zu kontrollieren: wir können sozusagen auf „Knopfdruck“ ressourcevolle emotionale Zustände herstellen und auf diese Weise unser Erleben ganz neu gestalten.

Was ist ein Anker?

Anker können beliebige Reize, d.h. visuell, kognitiv oder auditiv sein, die eine bestimmte

Reaktion hervorrufen. Ein Anker kann also ein Bild, ein Musikstück, ein Gefühl, ein Symbol, ein Wort, ein Geruch oder Geschmack sein, wenn dadurch eine Reaktion ausgelöst wird. Dabei ist es egal, ob es sich um gegenwärtige äußere, oder innere oder auch erinnerte oder halluzinierte Repräsentationen handelt.

Ankern können wir auf zwei verschiedene Arten: indem wir natürliche oder künstliche Anker verwenden. Für das Gehirn ist es ganz egal, ob es natürliche oder künstliche Anker sind.

Bei natürlichen Ankern greifen wir auf Reize zurück, die natürlicherweise bereits vorhanden sind und die gewünschte Reaktion hervorrufen. Das kann z.B. ein bestimmtes Lied sein, das mich immer in gute Laune versetzt. Oder das Bild eines geliebten Menschen, das mir Gelassenheit vermittelt. Oder ein bestimmtes Parfüm, das mich in Hochstimmung versetzt. Oder ein Pullover, der mir immer schon Glück gebracht hat und den ich bei jeder Prüfung getragen habe. Oder ein Glas Wein, das für mich Entspannung und Erholung bedeutet. Oder ein Wort, z.B. „Griechenland", das mir ein Gefühl von Freiheit vermittelt.

Glücksgefühle schon beim Betrachten...

Selbstverständlich gibt es auch natürliche Anker, die unangenehme Gefühle auslösen, z.B. Wörter wie „Steuererklärung" oder „Prüfung" oder Bilder, Musikstücke oder Gerüche, die man mit einem unschönen Erlebnis verbindet.

Möchte ich nun aber den Zustand „Hochstimmung" herstellen, so kann ich das bestimmte Parfüm auflegen, das mich in Hochstimmung versetzt. Möchte ich etwas für mein Glück tun, dann ziehe ich meinen ganz speziellen Glücks-Pullover an! Was aber tun, wenn ich für den Zustand „Stärke" keinen natürlichen Anker zur Hand habe? Dann kann ich ganz einfach einen künstlichen Anker installieren!

Wie man einen Anker installiert

Einen Anker installieren bedeutet, gezielt einen Reiz mit einer Reaktion bzw. Zustand zu verbinden. Und so installieren Sie Schritt für Schritt einen Anker:

1. Sich in den gewünschten Ziel-Zustand versetzen, z.B. den Ziel-Zustand „Selbstbewusstsein". Erinnern Sie sich an eine Situation, in der Sie sehr selbstbewusst waren, versetzen Sie sich assoziiert in diesen selbstbewussten Zustand und erleben Sie ihn mit allen Sinnen! Genießen Sie den Zustand in vollen Zügen!
2. Ankern Sie den Zustand. Sie können den Zustand nun ankern, indem Sie sich evtl. mehrmals innerlich ein bestimmtes Wort sagen, eine bestimmte Geste machen oder sich an einer bestimmten Stelle (z.B. Druck auf eine Stelle am Handgelenk oder Unterarm) berühren. Wiederholen Sie evtl. Schritt 1 und 2 mehrmals.
3. Den installierte Anker „abfeuern": Später, in einer Situation, in der Sie z.B. Selbstbewusstsein benötigen, können Sie dann den Anker abfeuern, d.h. innerlich das bestimmte Wort sagen, oder die Geste ausführen oder sich an der bestimmten Stelle berühren. Dadurch kommen Sie automatisch in den gewünschten Zustand (Selbstbewusstsein). Probieren Sie es einfach aus – Sie werden überrascht sein!

Vier Regeln für erfolgreiches Ankern

Damit das Ankern wirklich erfolgreich ist sollten die folgenden vier Regeln beachtet werden.

1. Einzigartigkeit des Ankers

Ein Anker muss einzigartig sein, denn er soll exklusiv nur für den gewünschten Zustand stehen. Wenn Sie z.B. Händeschütteln als Anker verwenden, dann wird bei jedem Händeschütteln der Anker ausgelöst (und nutzt sich dann sehr schnell ab). Besser wäre es, wenn Sie z.B. am Knöchel Ihres Handgelenkes einen kräftigen Druck mit dem Finger ausüben. Wenn Sie Wörter als Anker benutzen, dann solche die nicht so häufig in Ihrem Alltag verwendet werden.

2. Wiederholbarkeit des Ankers

Manche Menschen verbinden mit ihrem Lieblings-T-Shirt Stärke und Selbstbewusstsein – was grundsätzlich auch nützlich ist, aber wenn das Shirt dann plötzlich nicht auffindbar oder in der Wäsche ist, dann kann es einem nicht mehr helfen. Besser ist es, einen Anker zu wählen, der Sie unabhängig macht und der zu jeder Zeit und an jedem Ort eingesetzt werden kann (ein Handstand als Anker ist zwar sicherlich einzigartig, aber natürlich nicht überall wiederholbar!). Auch sollte der Anker/Reiz möglichst genauso wieder abrufbar sein, z.B. ein Lied als Anker von einem anderen Interpreten gesungen, funktioniert nicht oder nicht so gut!

3. Intensität des Zustandes

Versetzen Sie sich möglichst intensiv in den gewünschten Zustand, indem Sie sich assoziiert in eine erlebte oder erfundene Situation hineinversetzen und sie ganz stark gefühlsmäßig erleben! Je intensiver desto besser!

4. Timing des Ankerns

Wenn Sie den Anker setzen, dann machen Sie es kurz bevor die Intensität des Gefühls seinen Höhepunkt erreicht hat, denn das ist der ideale Zeitpunkt! Davor und danach ist der Zustand weniger stark und deswegen nicht so gut geeignet!

z. B. **Ein gutes Anker-Beispiel: die Becker-Faust**

Wer kennt sie nicht, die legendäre Becker-Faust des Tennis-Stars! Stets wenn er einen besonders guten Ball platziert hat oder einen scheinbar unerreichbaren Ball vom Gegner noch parieren konnte, ballte Boris Becker seine Faust (d.h. er installierte einen Stärke-/Selbstbewusstsein-Anker). Immer wieder konnte man diese Geste während seiner Matches beobachten! Sie war ein Zeichen seines Selbstbewusstseins und auch Überlegenheit.

Umso mehr erstaunte es den Zuschauer, wenn Boris seine Becker-Faust auch ab und zu in Phasen des Spiels machte, in denen er einen deutlichen Durchhänger hatte, wenn er aus dem Tritt gekommen war und zurücklag. Spielte er immer wieder ins Aus oder konnte seine Aufschläge nicht sauber platzieren, so war zu beobachten, dass er irgendwann die Faust ballte und sich ermunternd zuschrie.

Als NLPler können wir dies als das Abfeuern seines Stärke-/Selbstbewusstsein-Ankers deuten, damit er wieder in einen Zustand der Überlegenheit kommt, der ihm hilft, gut zu spielen.

Ein Anker ist wie ein Akku

Ein Anker ist nur begrenzt abrufbar, kann aber wieder aufgeladen werden. Einen Anker können Sie umso häufiger abfeuern, je ähnlicher der Soll-Zustand dem Ist-Zustand ist. Umgekehrt: Je weiter Sie vom Ziel-Zustand entfernt sind, desto stärker muss der Anker sein und umso schneller entlädt er sich wieder!

Stellen Sie sich eine Power-Wohlfühl-CD zusammen!

Brennen Sie sich eine CD oder nehmen Sie eine Kassette auf, mit all den Liedern, die bei Ihnen ein gutes Gefühl und einen Power-Zustand auslösen.
Heben Sie diese CD gut auf und spielen Sie sie in oder vor Situationen ab, in denen Sie Power und gute Laune benötigen. Aber beachten Sie: Anker sind wie Akkus – hören Sie sie also nicht permanent an!

Wie Sie das Ankern auch im Business-Kontext einsetzen können

Anker sind auch im beruflichen Kontext sehr nützlich. Damit sie funktionieren, ist es notwendig, dass diese konsequent eingesetzt werden. Denn verwendet man sie nur ab und zu, verwässern sie! Anker z.B. in Meetings:

- Sitzordnung kann signalisieren: Heute leite ich das Meeting oder heute bin ich „nur“ Teilnehmer.
- Gute Stimmung fördern und dann ankern z.B. durch Gesten, Sprechweise, Gags...
- Versorgung: Wichtigkeit eines Meetings durch besondere Getränke o.ä. herausstellen.
- Auf die Uhr sehen: Timing einhalten!
- Notizen auf Flipcharts: Wichtige Entscheidungsprozesse stehen an

Sonstige Anker:

- Raum- oder Positionsanker bei Präsentationen: hier für die Fakten, dort für Interpretationen, auf der anderen Seite für persönliche Empfehlungen.
- Präsentationsunterlagen, Handouts etc.: Farben, Symbole, Kästen usw. können als Anker eingesetzt werden.
- Rituale in Abteilungen: z.B. bei Erfolgen, bei Geburtstagen, bei Konflikten, bei Krisen ...
- Kleidung: Ein Anzug signalisiert einen externen Termin oder eine wichtige Präsentation, legere Kleidung signalisiert Alltag oder besondere Lockerheit.
- Meeting-Location: extern oder inhouse? Business-Essen in unterschiedlichen Restaurants (edel, leger ...) ?
- Demonstratives Handy ausschalten, Türeschließen etc. signalisiert „Jetzt geht's los“.

Wie Sie Anker im privaten Alltag einsetzen können

Anker können natürlich auch im privaten Alltag sehr gut eingesetzt werden.

- Anker im Selbstmanagement: Gute emotionale Zustände können festgehalten werden; Ressourcen können schnell verfügbar gemacht werden (indem ich sie vorher geankert habe); gute Zustände können von einer Situation in eine andere transportiert werden usw.
- Anker im Umgang mit Kindern: Kinder lieben Rituale, und Rituale wirken auch wie Anker. Rituale erleichtern das Zusammenleben mit Kin-

dern ungemein; Erfolge und schöne Momente können durch Anker festgehalten und intensiviert werden.
Zustände können übertragen werden, z.B. können Sie einen schönen Stein als Glücks- und Konzentrationsanker installieren. Bei Prüfungen und Schulaufgaben wird er feierlich auf den Tisch gelegt und fördert so die Konzentration und das gute Gefühl usw.

- Sonstige Anker im Alltag: Lassen Sie bewusst bestimmte CDs während eines Urlaubs laufen. Sie werden zu Hause beim Anhören der CD sofort wieder in die Urlaubsstimmung versetzt! Halten Sie besonders schöne Momente fest, indem Sie z.B. Kerzen aufstellen, oder eine Duftkerze anmachen. Später können Sie diese Atmosphäre nur durch die Kerzen oder den Geruch wieder herstellen. Trinken Sie einen bestimmten Tee, wenn Sie sich gerade besonders gut konzentrieren können. Wenn Sie später diesen Tee wieder trinken, dann fällt es Ihnen leichter, sich zu konzentrieren.

➤ *Seien Sie einfach kreativ beim Experimentieren mit dem Ankern und erleben Sie, wie nützlich und hilfreich gut und klug installierte Anker sind!*

Selbstmanagement durch Trance

Ein Trancezustand ist ein veränderter Bewusstseinszustand, der häufig in einer down-time-Phase (Aufmerksamkeit nach innen) stattfindet. In einen Trancezustand versetzt man sich immer selbst, gezielte Induktionen helfen einem dabei. Dieser Zustand kann mit etwas Übung sehr schnell herbeigeführt werden. Sie werden sehen, Sie waren sicherlich schon öfter in Ihrem Leben in einer Trance – ohne dass Sie sie erkannten oder Sie es wussten!

Was ist ein Trancezustand?

Ein Trancezustand kann an folgenden Merkmalen erkannt werden:

- Zeitverzerrung (z.B. denkt man, es seit schon eine Stunde vergangen, dabei waren es nur 15 Minuten!)
- Positive Halluzinationen (etwas sehen, hören oder fühlen, was nicht da ist).
- Negative Halluzinationen (etwas nicht sehen, hören oder fühlen, obwohl es da ist: z.B. wenn Sie einen Schlüssel oder die Brille suchen und er/sie liegt schon die ganze Zeit offen auf dem Tisch!)
- Schmerzunempfindlichkeit
- Die Umgebung wird nicht mehr bewusst erlebt (z.B. Stationen beim U-Bahn-Fahren werden nicht wahrgenommen).

Wann wendet man Trancen an?

Trancen sind äußerst nützliche Begleiter für den Alltag, egal ob im privaten oder beruflichen Kontext. Die Anwendungsgebiete von Trancen sind sehr vielfältig:

- bei Einschlafschwierigkeiten,
- um ein Thema oder Aufgaben zu bearbeiten,
- um sich zu entspannen,
- um ein Problem durch das Unbewusste lösen zu lassen,
- um Kreativität zu fördern
- um sich zu motivieren,
- um Schmerzen zu reduzieren,
- um Gesundheit zu fördern,
- um Aufträge an das Unbewusste zu senden.

Berichte von Teilnehmern zum Einsatz von Trance im Alltag

- Tina, Chirurgin in einem Unfallkrankenhaus: „Früher war ich der Meinung, dass Trance etwas ist, was in speziellen Therapien (z.B. zur Rauchentwöhnung) angewendet wird. Dass Trance aber jeder selbst im ganz normalen privaten und beruflichen Alltag einsetzen kann, um Kraft zu schöpfen, sich zu entspannen, Ziele leichter zu erreichen, Lösungen zu finden und sich emotional aufzubauen, ist nur wenigen bekannt. Wenn ich mir jeden Tag 15 Minuten Trance-Zeit gönne, dann kann ich meinen oft sehr stressigen Job viel leichter und ausgeglichener ausüben. Meine Leistungsfähigkeit konnte durch meine täglichen Trancen enorm gesteigert werden!"
- Thorsten, Vermögensberater: „Sonntag ist Trancetag. Da ziehe ich mich für eine gute halbe Stunde ins Schlafzimmer zurück, lege mich aufs Bett und versetze mich selbst in einen Trancezustand. Zuvor überlege ich mir, welche Themen in diesem Zustand bearbeitet werden sollen, z.B. wenn ich einen schwierigen Kunden hatte, gebe ich meinem Unbewussten den Auftrag, alles aus dieser Begebenheit zu lernen, was es zu lernen gab und dieses Wissen abrufbar zu halten für ähnliche Situationen. Und die Suggestion von Kraft, Energie und zugleich Entspannung ist immer auch ein Teil einer Trance."
- Karsten, Art Director in einer Werbeagentur: „Meine Mitarbeiter kennen das schon. Mehrmals pro Woche schließe ich die Tür zu meinem Büro ab, hole meine Isomatte hinterm Schrank hervor und lege mich auf den Boden. Und dann mache ich eine kurze 15-Minuten-Trance, in der ich meine Kreativität aktiviere, mich motiviere, aufbaue bei Problemen und freue bei Erfolgen, Kraft tanke und Lösungen vom Unbewussten suchen lasse. Und danach geht es mit Volldampf weiter!"

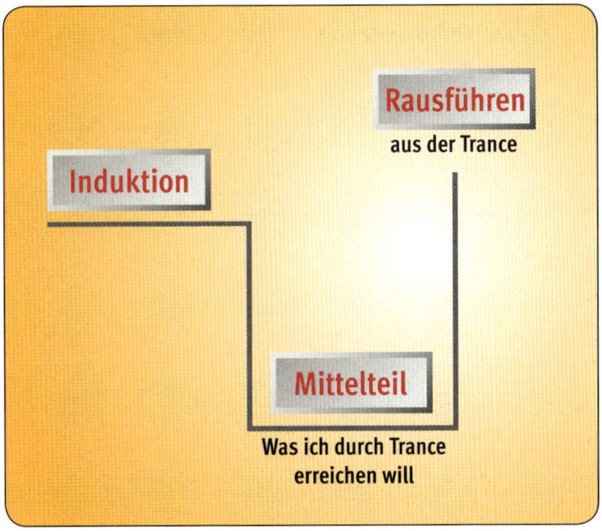

Trance-Induktionen

Jede Trance besteht im Wesentlichen aus drei Teilen:

1. Induktion
2. Mittelteil (das was, in der Trance erreicht oder bearbeitet werden soll)
3. das Herausführen aus der Trance

Wenn Sie bei sich selbst oder bei anderen eine Trance induzieren, dann sollten Sie möglichst ruhig, langsam, im Rhythmus des Atmens und mit Trancestimme (mit viel Resonanz und tiefem Timbre) sprechen. Bei einer

Trance-Induktion können Sie nicht langsam genug sprechen – auch wenn Sie Ihre innere Stimme verwenden! Auf das Thema Selbsttrance gehen wir weiter unten noch genauer ein.

Die Möglichkeiten, eine Trance zu induzieren sind vielfältig und viele Ihnen bereits in den bisherigen Kapiteln vorgestellte Elemente können Sie hier schon einsetzen.

Wie man eine Trance einleiten kann

Trance-Induktions-Möglichkeiten	Beispiele
Pacen der gegenwärtigen Erfahrung	... und du liegst nun hier und spürst deinen Rücken an der Lehne des Sessels ...
Einbinden aller Sinne (VAK)	... und vielleicht siehst du ein schönes Bild vor deinem inneren Auge und hörst vielleicht schöne, wohltuende Geräusche und mit jedem Geräusch fühlst du dich immer entspannter und ruhiger ...
Ja-Straße nutzen (yes-set)	... du hörst etwas und du hörst Worte und du gehst in Trance ...
Utilisierung von möglichen Störungen	... und jedes Auto, das du draußen vorbeifahren hörst, versetzt dich noch tiefer in den wunderbaren Trance-Zustand ...
In den gewünschten Zustand leaden durch Verknüpfungen	... und während du dich immer mehr und mehr entspannst, erfüllt dich mehr und mehr die Kreativität, die dich stark macht und ...
Konzentration nach innen	... Und du spürst, wie die Entspannung ganz langsam und wohlig zunächst deine Füße durchströmt wie ein sonniges Licht, das langsam oder vielleicht auch schnell sich auf deine ganzen Beine ausbreitet ...
Vagheit der Sprache (Milton-Modell)	... vielleicht spürst du schon jetzt wie die Entspannung und das Wohlgefühl, ein Gefühl der Stärke und Energie auslöst und ich weiß, dass es gut tut, sich zu entspannen und stark und energievoll zu sein ...
Verknüpfungen mit	... und ... , während ... verwenden
Ursache – Wirkungen	... bewirkt..., ... führt zu ..., je mehr ... desto ...
positive Nominalisierungen	... Freiheit ... Entspannung ... Stärke ... Energie ... Gelassenheit ... Freude ... Kreativität ...
positive IR´s erzeugen (interne Repräsentationen bzw. innere Bilder und Beschreibungen)	... gerade in einem Trancezustand ist es sehr wichtig, positive Formulierungen zu wählen. Statt: „Du wirst keine Angst mehr haben" sagen Sie besser: „Du wirst stark und mutig sein!". Oder statt: „du kannst die Fesseln ablegen und die Ketten, die dich nach unten ziehen" sagen Sie besser: „du fühlst dich leicht und frei!"

Wie Sie bei sich selbst eine Trance induzieren können (Selbsthypnose)

- Bequem machen (hinlegen oder hinsetzen)
- Augen schließen
- Langsam denken und innerlich sprechen
- Gegenwärtige Erfahrung bei der Induktion pacen (z.B. Du spürst die Füße auf der Erde ...)
- Thema vorher festlegen (z.B. Gesundheit)
- Innere Uhr einstellen (z.B. nach 20 min Ende), ggfls. Wecker stellen

Eine Beispiel-Trance

Bitte lesen Sie den folgenden Text gaaaanz langsam und mit ruhiger innerer Stimme:
du sitzt nun hier und hörst mir zu, schaust mich vielleicht noch an, oder hast zu dir gesagt: „Schließ die Augen", während dein Unbewusstes auch hier ist und hört und fühlt jetzt - die Entspannung während meine Worte noch in der Wahrnehmung auftauchen, kannst du dir erlauben einzutauchen in Tagträume – in Gedanken – in Trance, in-tui-tief, tiefer in die Trance, die dir auch jetzt ermöglicht zu lernen und zu verstehen beim lernen in Trance zu lernen. Was hast du wohl als erstes gelernt - in Trance zu lernen oder zu lernen in Trance zu lernen in Trance in-tui-tief und tiefer noch tiefer.
Noch fragst du dich vielleicht, während deine Gedanken wandern, wie tief wohl die Trance sein wird, die du beginnst zu erleben und du fragst dich, ob du dich wohl jetzt leicht und schwerelos fühlen oder jetzt ganz schwer und entspannt fühlen, vielleicht bist du in Gedanken leicht und dein Körper ist schwer und entspannt, oder deine Gedanken sind entspannt und – dein Körper ist leicht in Trance zu bringen während du vor dem inneren Auge dir dies alles vorstellst und es ist egal was du dir nun ganz genau vorstellst, deine Vorstellung bringt dich mehr und mehr in einen Zustand der Trance, ganz leicht, wie von selbst merkst du, wie sich deine Trance verselbstständigt und du nur noch diesem angenehmen traumhaften Zustand nachgeben willst.
Wenn du eine Vorstellung hast und wenn noch dein Unbewusstes mich hört, dann wirst du deine Trance mehr genießen und vertiefen während du sie genießt.
Ich weiß, dass es jetzt noch einfacher sein wird, zu beginnen irgendwohin fortzufahren immer mehr in eine Trance zu gehen und während du noch über manche sehr tiefgründigen Sätze nachdenkst oder träumst, und dich vielleicht etwas fragst, oder dich irgendwie wunderst und fühlst, dass es gut ist sich zu wundern, denn das bedeutet, dass du lernst und merkst du wie du dir erlauben kannst, noch mehr auf deinen tiefen Atem zu achten und erkennst wie dein Atem gleichmäßig (ist) und voller Ruhe du dich treiben lässt in eine angenehme tiefe Trance die genau deiner Vorstellung entspricht.

➤ Nehmen Sie sich immer wieder zwischendurch 20 bis 30 Minuten Zeit, in der Sie sich zurückziehen und gönnen sich eine Entspannungstrance. Sie werden zu einer inneren Ruhe finden, die Sie sicher durch die Turbulenzen des Alltags manövriert!

9 Mit der richtigen Einstellung geht's besser

Wenn man etwas erreichen will, muss man an seine Ziele glauben. Hierbei helfen Beliefs. Im NLP werden sie auch häufig Glaubenssätze genannt. Beliefs sind Verallgemeinerungen, die wir über die Welt, über uns selbst, über unsere Fähigkeiten oder andere Personen machen. Beliefs äußern sich in Einstellungen, Überzeugungen und Regeln. Beliefs können schwach oder stark ausgeprägt sein und können verändert werden. Beliefs können fördernd oder einschränkend sein. Und viele Menschen entwickeln im Laufe ihres Lebens eine ganze Reihe von Beliefs, die hinderlich sind. Also gilt es, an Beliefs so zu arbeiten, dass sie eine positive Ausrichtung haben.

Mit der richtigen Einstellung geht's besser

Ziel dieses Kapitels: günstige Überzeugungen fördern, Beliefs, Belief-Veränderung nach Satir

Glaube versetzt Berge

„Ich habe immer daran geglaubt, dass ich es schaffen werde!" Dies ist ein Satz, den erfolgreiche Menschen ungewöhnlich oft sagen, wobei mit „Erfolg" ganz unterschiedliche, persönliche Dinge gemeint sein können: eine neue berufliche Position erreichen, Reifen wechseln können, abnehmen, eine gute Note in der Schulaufgabe schreiben, jemanden von etwas überzeugen, eine Krankheit überwinden, eine tolle sportliche Leistung schaffen oder eine gute Liebesbeziehung über Jahre hinweg führen.
Allen gemeinsam ist, dass sich Menschen ein Ziel gesetzt haben und von Anfang an der Überzeugung sind – oder anders ausgedrückt – daran glauben, dass sie dieses Ziel erreichen werden.
Damit kommen wir zu einem im NLP sehr wichtigen Konzept, dem der Wirkung von Glaubenssätzen (Beliefs) auf Veränderung, Erfolg und Zufriedenheit.

Was sind Beliefs?

Beliefs sind Verallgemeinerungen, die wir über die Welt, über uns selbst, über unsere Fähigkeiten oder andere Personen machen. Beliefs äußern sich in Einstellungen, Überzeugungen und Regeln. Beliefs können schwach oder stark ausgeprägt sein und können verändert werden. Beliefs können fördernd oder einschränkend sein. Im NLP werden sie auch häufig Glaubenssätze genannt.

Beispiele für fördernde Beliefs

- Das kann ich!
- Das schaffe ich!
- Ich kann gut auf Menschen zugehen!
- Ich werde gewinnen!
- Wenn ich mich konzentriere, kann ich viel leisten!
- Die Prüfung werde ich locker hinkriegen!
- Die Menschen mögen mich!
- Ich habe eine gute Ausstrahlung!

Beispiele für fördernde Beliefs über die Welt:

- Die Menschen sind gut!
- Jeder ist für sein Glück selbst verantwortlich!
- Kinder sind ein kostbares Geschenk!
- Fehler sind eine gute Chance, um etwas zu lernen!
- Arbeiten macht Spaß!
- Lernen macht Spaß!

Allerdings können Beliefs auch einschränken und in der persönlichen Entfaltung behindern. Viele Menschen entwickeln im Laufe ihres Lebens eine ganze Reihe von Beliefs, die hinderlich sind:

Einschränkende Beliefs
- Ich muss perfekt sein!
- Ich darf mir keine Fehler erlauben!
- Ich bin zu dick!
- Ich muss immer volle Leistung bringen!
- Meine Familie raubt mir jede Freiheit!
- Ich werde nie reich!
- Was man einmal angefangen hat, muss man auch zu Ende bringen!
- Ich brauche Monate, bis ich das kann!

Einschränkende Beliefs über die Welt:
- Männer/Frauen nutzen mich immer aus!
- Die Welt ist schlecht!
- Arbeit ist ein notwendiges Übel!
- Vertrauen ist gut, Kontrolle ist besser!
- Lernen ist anstrengend und langweilig!
- Die Menschen sind von Natur aus eher schlecht!

Die Wirkung von Beliefs

Betrachtet man diese Liste möglicher Überzeugungen – die natürlich unendlich lang sein könnte – so wird schnell klar, welche Auswirkungen Beliefs auf die Wahrnehmung der Umwelt, auf die Interpretation und Verarbeitung von Informationen, auf das Selbstbild und auch auf das eigene Verhalten haben!

Ein Mitarbeiter, der von Führungsaufgaben träumt und die innere Überzeugung hat, „Wenn ich mir etwas vornehme, dann schaffe ich das auch!" ist in einer viel besseren Ausgangssituation als ein Mitarbeiter, der die Einstellung hat: „Ich werde mich zwar anstrengen, aber ich denke, dass doch wieder die Leute aus der Marketing-Abteilung bevorzugt werden". Der Mitarbeiter mit dem positiven Belief „Ich werde das schaffen", wird es mit aller Wahrscheinlichkeit auch tatsächlich erreichen!

Beliefs beziehen sich nicht nur auf einen selbst oder auf die eigenen Fähigkeiten, sondern auch auf andere Menschen und das wiederum beeinflusst das eigene Verhalten in Bezug auf diese anderen Menschen. Wenn ich glaube, dass ein bestimmter Kollege mit wohlgesonnen ist, dann verhalte ich mich ihm gegenüber sicher anders als wenn ich glaube, dass er mir gegenüber feindlich eingestellt ist.

Welche Auswirkungen Beliefs über andere auf diese anderen haben können, zeigt das Beispiel auf der folgenden Seite.

Auch wenn man den Strahlemännern in der Werbung nicht traut – eine positive Ausstrahlung und zielorientiertes Denken hilft auf dem Weg zum Erfolg!

z. B. **Der Glaube an einen selbst fördert die Leistung**

Die achtjährige Leonie schreibt im 3. Schuljahr in Mathe immer schlechtere Noten – während sie in der 2. Klasse in Mathematik noch überhaupt keine Probleme hatte: Immer wieder schreibt sie eine 4 und eine 3 gehört mittlerweile zu den besseren Noten.
Als Leonie die erste 4 und danach eine 3 zurückbekam, hatte sie sehr schnell die Überzeugung entwickelt: „Ich kann Mathe nicht." Jedes Mal, wenn sie im Unterricht etwas nicht verstand, dann empfand sie es als Bestätigung und bemühte sich auch gar nicht mehr richtig, die Aufgabe zu lösen. Kein Wunder, dass sich ihr Leistungsstand auf 3 bis 4 einpendelte.
Doch eines Tages geschah etwas, das ihren Belief „Ich kann kein Mathe" auflöste: Eine Freundin der Mutter, eine Grundschullehrerin, war zu Besuch und im Laufe des Nachmittags erzählte die Lehrerin von ein paar Rechenspielen, die sie in ihrer Klasse einführte. Sie nannte ein paar Beispiele und Leonie gab jedes Mal sofort die richtige Antwort.
Die Lehrerin sagte dann nebenbei: „Na, für Dich ist das ja zu einfach, Du brauchst ja schon 4.-Klasse-Aufgaben! Du hast bestimmt ne 1 in Mathe, oder?" Leonie lächelte selig und war total stolz.
Und seitdem glaubt Leonie wieder an sich und ihre Mathe-Fähigkeiten, so dass sie nun in der Regel 2er und nur manchmal eine 3 schreibt!

Arten von Beliefs

Im obigen Beispiel sind Beliefs aufgrund von (falschen) Informationen entstanden, Glaubenssätze kommen aber auch aufgrund von Erfahrungen, Generalisierungen und Interpretationen zustande. Wenn man mit Beliefs arbeiten möchte, dann ist es sehr nützlich die verschiedenen Arten zu kennen.
Sehr wichtig ist der Zielerwartungs-Belief, d.h. der Glaube, die Überzeugung, dass man ein Ziel erreicht. Das beinhaltet auch, dass man überzeugt ist, dass man selbst alle Ressourcen dafür entweder schon hat oder sie sich selbst beschaffen kann. Der Zielerwartungs-Glaubenssatz ist sehr wichtig für die erfolgreiche Umsetzung von kleinen oder großen Vorhaben. Nur wer den Glauben an sich und die eigenen Fähigkeiten hat, wird erfolgreich sein.
Ein von Robert Dilts, einem der frühen NLP-Trainer in den USA, zitiertes Beispiel für die Kraft von Glaubenssätzen verdeutlicht dies auf eindrucksvolle Weise.

z. B. **Beispiel: Glaubenssätze und Gesundheit**

Eine Frau hatte 100 Patienten, die erfolgreich eine Krebserkrankung überwunden hatten, interviewt, um herauszufinden, was alle diese Überlebenden gemeinsam hätten. Sie definierte einen Krebsüberlebenden als jemanden, dem eine Diagnose „Krebs im Endstadium" mit einer geringen Chance auf Heilung gestellt worden war, der aber immer noch am Leben und gesund ist und sich noch zehn oder zwölf Jahre später seines Lebens freute. ➡➡➡

➡➡➡ Interessanterweise konnte die Forscherin keine gemeinsamen Muster in der Behandlung dieser Patienten finden. Verschiedene Leute hatten unterschiedliche Behandlungen bekommen, u.a. Chemotherapie, Strahlentherapie, Diät-Programme, Operationen, spirituelle Heilung usw.

Dennoch gab es eine Sache, die alle diese Überlebenden gemeinsam hatten: Sie hatten alle daran geglaubt, dass die Behandlung, die sie bekamen, bei ihnen wirken würde. Der Glaube – nicht die Behandlung – machte den Unterschied, so schlussfolgerte Robert Dilts.

[Quelle: Dilts, Robert: „Identität, Glaubenssysteme und Gesundheit"]

Eine andere Art ist der Bedeutungs-Belief, der sich auf die Bedeutung von Dingen, von Menschen, von Ereignissen und von Situationen bezieht. Der Glaubenssatz sagt etwas darüber aus, was es der eigenen Einschätzung nach bedeutet, ein bestimmtes Projekt bekommen haben, zu einem bestimmten Zeitpunkt einen Freund getroffen zu haben, mit einem Kollegen nicht gut auskommen zu können oder ein Meeting schlecht geleitet zu haben.

Je nachdem was wir glauben, was es bedeutet, werden wir dementsprechend handeln. Nehmen wir das Beispiel mit dem schlecht geleiteten Meeting. Unabhängig davon, ob das Meeting tatsächlich schlecht geleitet war oder nicht, entscheidend ist der Bedeutungs-Glaubenssatz dazu. Wenn der Belief über die Bedeutung ist: „Ich glaube, im Prinzip kann ich das, aber das nächste Mal muss ich mir einfach mehr einfallen lassen", dann ist er eher förderlich. Wenn der Belief aber ist „Ich glaube, ich kann nie wieder ein Meeting leiten", dann ist dieser Belief hinderlich.

Die dritte Art bezieht sich auf die eigene Identität, auf die Konzepte, die wir über uns selbst machen. Diese Identitäts-Beliefs sagen etwas darüber aus, wie wir uns selbst sehen, erleben und wahrnehmen. Auch diese können sehr förderlich sein, wie z.B. „Ich bin stark" oder „Ich bin schlau" oder „Ich bin willensstark" oder aber hinderlich, wenn sie lauten „Ich bin schwach", „Ich bin dumm" oder „Ich kann mich nicht durchsetzen".

Unser Handeln ist ganz anders, je nachdem welche Überzeugung wir von uns selbst haben und woran wir glauben.

Eigene Beliefs herausfinden

1. Wählen Sie einen Bereich oder eine Situation Ihres Lebens, mit dem Sie sehr zufrieden sind. Das kann Kindererziehung sein, der Beruf, ein bestimmtes Hobby ...
2. Notieren Sie alle Beliefs und Überzeugungen, die Ihnen in diesem Zusammenhang durch den Kopf gehen.
3. Machen Sie nun dasselbe mit einem Bereich, mit dem Sie nicht so zufrieden sind und machen Sie sich auch hier Notizen.
4. Vergleichen Sie anschließend die Beliefs miteinander.

Wie wir Beliefs herausfinden können

Halten wir fest: Beliefs hat jeder von uns. Sogar enorm viele. Manche davon sind förderlich und manche sind hinderlich. Allen gemeinsam ist jedoch, dass sie großen Einfluss auf unsere Wahrnehmung und auf unser Handeln haben.

Es ist ganz einleuchtend, dass es sehr wichtig ist, die eigenen Glaubenssätze oder die anderer Menschen zu kennen. Da Glaubenssätze meist auf der unbewussten Ebene angesiedelt sind, tun wir uns zunächst recht schwer, sie zu identifizieren oder zu formulieren.

Wenn wir uns aber selbst oder anderen mit geschärften Sinnen zuhören, dann bekommen wir gute Hinweise auf die Beliefs. Immer wenn Sie „Ich sollte …", „Ich kann doch nicht …", „Ich muss …" oder „Ich glaube, …" hören, dann bekommen Sie einen Hinweis auf Beliefs. Aber auch bei Ursache-Wirkungs-Formulierungen werden Überzeugungen offensichtlich: „Wenn ich fleißig bin, dann werde ich erfolgreich!" Oder bei Verallgemeinerungen: „Alle Sportler sind doof", „(Alle) Manager sind egoistisch!" Wenn Sie Sätze mit der Formulierung „Ich bin …" hören, dann werden Sie interessante Informationen über das Erleben der eigenen Identität oder der einer anderen Person gewinnen.

Arbeit mit hinderlichen Beliefs

Hinderliche Beliefs können mit verschiedenen Techniken verändert werden, so dass sie abgeschwächt, aufgelöst oder in unterstützende verwandelt werden können. Gehen wir zunächst auf einige grundsätzliche Vorgehensweisen bei der Belief-Veränderung ein.

Der erste Schritt einer Belief-Veränderung ist die Identifikation der Beliefs. Finden Sie also zunächst heraus, welche Glaubenssätze im Zusammenhang für das Problem von Bedeutung sind. Sprechen Sie einfach über die Problemsituation und hören Sie genau hin.

Für mangelnden Selbstwert kann das z.B. „Ich kann nichts" oder „Ich bin immer so unfähig" oder „Wenn's drauf ankommt, dann versag ich immer" stehen. Oder die schlechten Service-Leistungen können mit Beliefs wie „Die Kunden wissen ja eh keinen Service zu schätzen" oder „Besseren Service kann man gar nicht bieten!" einhergehen.

Nicht jeden Belief völlig ausrotten

Sind die Beliefs erst einmal identifiziert, können sie verändert werden. Im zweiten Schritt ist zu definieren, wie stark der Belief ist und wie stark er abgeschwächt werden soll. Glauben

Die Familientherapeutin Virginia Satir.

Sie voll und ganz daran (100%) oder nur zu Hälfte? Und wenn die Veränderungsarbeit abgeschlossen ist, wie stark möchten Sie dann noch daran glauben? Gar nicht mehr (0%) oder zu 10% oder zu 20%?

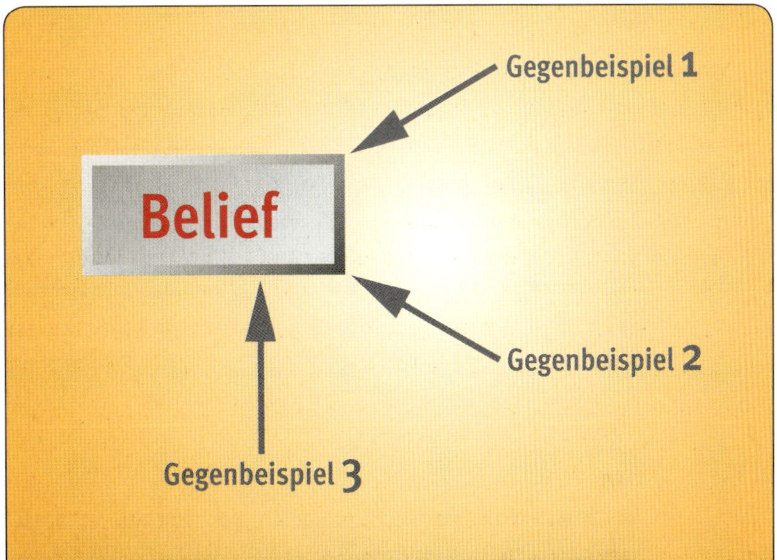

Auch starke Beliefs könnnen durch Gegenbeispiele erschüttert werden.

Es mag erstaunen, dass das Ziel nicht immer und automatisch ist, den negativen Belief ganz aufzulösen, in manchen Fällen, ist dies tatsächlich nicht wünschenswert, z.B. bei dem Belief „Ich bin ein weichherziger Mensch" ist es zwar wünschenswert, ihn von 100% herunter zu bringen, da er in dieser Stärke beispielsweise in Verhandlungen eher hinderlich ist, aber um nicht ein völlig hartherziges Selbstbild zu bekommen, ist ein „Restglaube" von 20% oder mehr sicherlich sehr nützlich.

Auch muss der Belief in seiner Stärke, mit den bereits gemachten und den noch kommenden Erfahrungen und dem Modell der Welt der Person zusammenpassen. Ein 0% Belief ist natürlich viel leichter zu erschüttern als ein 10% oder 20% Belief.

Belief-Veränderung nach der Satir-Methode

„Ich kann einfach nicht mit Lydia zusammenarbeiten, das endet immer in Streit!" beklagt sich Tania bei ihrem Chef. Dieser schaut sie erstaunt an und meint: „Aber letzten Monat habt Ihr doch sehr produktiv und schnell das Projekt zur Verbesserung des Informationsflusses auf die Beine gestellt!" Tania nickt zögerlich. „Stimmt, aber sonst..." „Und erst letzte Woche, da habe ich Euch gesehen, wie Ihr den schwierigen Auftrag von Peter übernommen habt und noch am selben Tag fertig hattet – und nach Streit sah das gar nicht aus!" Tania muss zustimmen: „Ja, das ist wahr, das hat echt gut geklappt. Aber manchmal ist das schon recht schwer mit ihr!"

Das Beispiel demonstriert gut, wie der Belief-Change nach Satir funktioniert. Er beruht auf dem Prinzip des Belief-Collapsing, d.h. es werden positive Gegenbeispiele für einen einschränkenden Belief gefunden. Dadurch wird die Regel, die ja durch Beliefs gerne aufgestellt wird, durchbrochen. Die Generalisierung einer oder weniger Erfahrungen wird aufgelöst. Der

Belief gilt nicht mehr überall und zu jeder Zeit, sondern wird abgeschwächt (aus „Das endet immer in Streit“ wird „Manchmal ist das schon recht schwer mit ihr“).

Durch diese neue Sichtweise besteht die Möglichkeit, neu über ein Problem oder eine Situation nachzudenken und neue Lösungsansätze zu finden.

Wenn die Zusammenarbeit mit Lydia nicht immer schlecht ist, sondern auch sehr gut klappen kann, woran liegt das? Was ist der Unterschied zwischen den Projekten, bei denen es gut klappt und bei denen es nicht gut klappt? Sobald man auf diese konstruktive Weise darüber nachdenken kann, ist man in der Lage neu und besser damit umgehen – und das ist das Ziel des Belief-Change.

Wie die Methode nach Satir genau funktioniert

Um diese Veränderungsarbeit gut beschreiben zu können, tun wir so, als würden Sie jemanden helfen, einen negativen Belief loszuwerden. Natürlich können Sie ihn analog auch bei sich selbst verändern.

Als erstes identifizieren Sie den Belief, der für einen Zustand, ein Problem oder eine Situation einschränkend ist. Lassen Sie sich von dieser Situation, dem Problem oder den Zustand erzählen. Fragen Sie genau nach und achten Sie auf die Metamodell-Verletzungen (z.B. Modaloperatoren, Nominalisierungen ...). Benennen Sie den Belief ganz konkret in einem Satz. Formulieren Sie ihn z.B. als „Ich kann nicht ...“. Lassen Sie sich nun drei Beispiele nennen, in

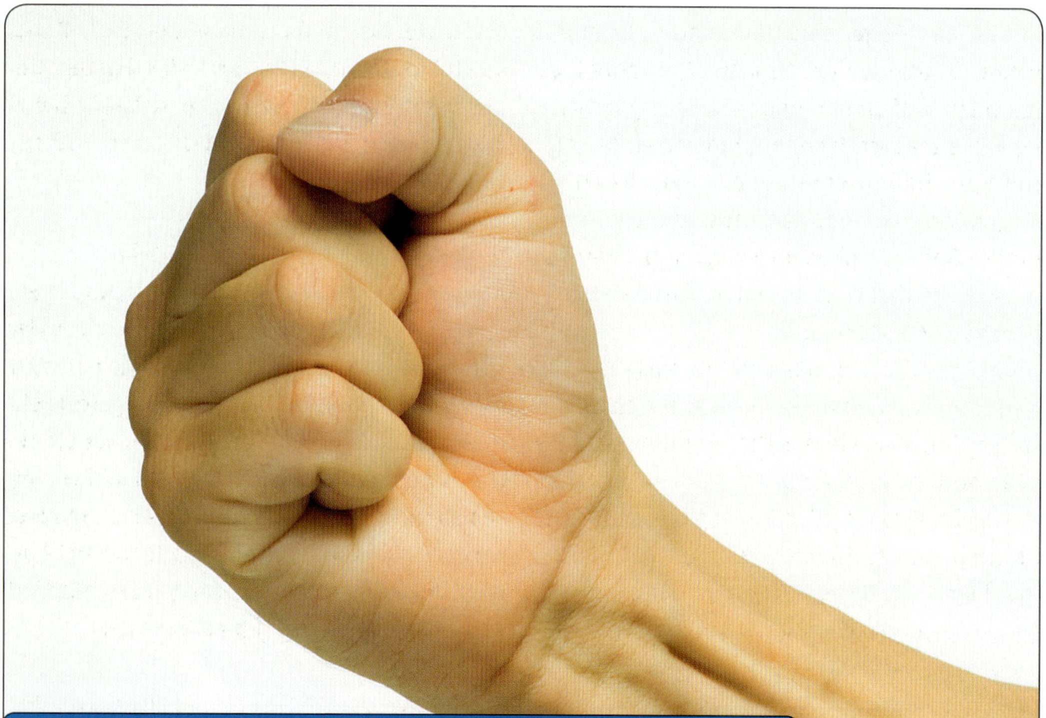

Packen Sie die Sachen an! Nicht verbissen, sondern mit einer positiven Grundeinstellung!

denen der Belief nicht gestimmt hat. Fragen Sie mit Hilfe des Metamodells nach. „Wirklich immer? Wirklich noch nie? Wann denn nicht?“ „Gibt es keine Ausnahmen? Welche war es?“. Konkretisieren Sie die Gegenbeispiele, indem Sie sich spezifische Situationen nennen lassen. Achten Sie darauf, dass die Gegenbeispiele auch wirklich passen und wirken.

Überlegen Sie sich zu jedem der Beispiele ein Stichwort, das aber nicht zu speziell auf nur eine einzige Situation bezogen sein sollte, sondern eher allgemeinen Charakter hat. Wenn z.B. ein Beispiel gegen „Ich bin immer so ängstlich“ ist: „Ich war mutig bei einer Bergwanderung vor zwei Jahren mit den zwei Arbeitskollegen“, dann kann das Stichwort „Bergwanderung“ sein.

Führen Sie nun den anderen nacheinander in alle drei Gegenbeispiele hinein. Er erlebt diese Situationen voll assoziiert, er erlebt sie mit allen VAK-Sinnen und fühlt sich gut dabei (K+). Sie unterstützen ihn, indem Sie die Milton-Sprache einsetzen. Jedes Mal, wenn Ihr Gegenüber sichtbar ganz assoziiert und mit gutem Gefühl in diesem Beispiel drinnen ist, ankern Sie das Gefühl, indem Sie das Stichwort sagen und betonen.

Verbinden Sie nun den ursprünglichen alten Belief mit den geankerten Gegenbeispielen, indem Sie den alten Belief nennen und die Stichwörter nacheinander mehrfach sagen, damit die Erfahrungen der Gegenbeispiele wieder aktiviert werden (Anker abrufen). Formulieren Sie dann einen neuen, besseren Belief.

Diese Methode kann auch inhaltsfrei durchgeführt werden, d.h. Sie brauchen als Berater oder Coach den konkreten Inhalt des Beliefs gar nicht zu kennen.

Positive Beliefs fördern und hervorrufen

Manchmal geht es gar nicht darum, negative Beliefs abzuschwächen, sondern im Gegenteil förderliche Beliefs zu „installieren“. Dazu eignen sich besonders gut zwei Methoden:

1. die „Als-Ob“-Methode und
2. die „Rollen-Modell“-Methode

Die „Als-Ob”-Methode

Bei der „Als Ob“-Methode tun Sie so, als würden Sie bereits voll und ganz an den förderlichen Belief glauben. Gehen Sie ganz assoziiert in den Belief hinein und fragen sich dann: Wie würde Ihr Verhalten und Ihr Zustand dann sein? Welche Ressourcen und Möglichkeiten hätten Sie dann zur Verfügung und welche Auswirkungen hätte das auf Ihr angestrebtes Ziel? Durch diese Vorstellung und durch das Erleben der veränderten Situation wird der bisherige Belief in Frage gestellt und neue, positive Glaubenssätze installiert.

Die „Rollen-Modell”-Methode

Bei der „Rollen-Modell“-Methode stellen Sie sich vor, welche Beliefs wohl jemand hat, der das gewünschte Ziel schon erreicht hat oder den gewünschten Zustand oder das gewünschte Verhalten. Sie suchen sich zunächst ein reales oder auch fiktives Vorbild aus und versetzen sich in diese Person hinein. Überlegen Sie, welche Glaubenssätze diese Person wohl hat, dass sie so erfolgreich ist. Diese Beliefs sind dann richtungsweisend für Sie selbst.

➤ *Glauben Sie an sich selbst, dann eröffnen sich Ihnen neue Welten und Möglichkeiten!*

10 Persönliche Veränderung leicht gemacht!

Hier lernen Sie einige fortgeschrittene Methoden kennen, wie Sie sich selbst zu mehr Zufriedenheit und Erfolg coachen können. Eine Möglichkeit ist die Arbeit mit Submodalitäten, die an das Kapitel zu den Wahrnehmungstypen anknüpft. Hier geht es nun nicht mehr nur darum, dass wir intern repräsentieren, sondern vor allem darum, wie wir intern repräsentieren! Viele Menschen sind sich gar nicht darüber bewusst, dass sie sich innere Bilder machen oder in einem inneren Dialog mit sich stehen. Sie sind sich erst recht nicht bewusst, dass sie die inneren Bilder oder die innere Stimme ganz detailliert mit all den feinen Unterscheidungen beschreiben können. Und der interessanteste Aspekt von Submodalitäten kommt erst dann ins Spiel, wenn man sie zu seinem Vorteil verändert!

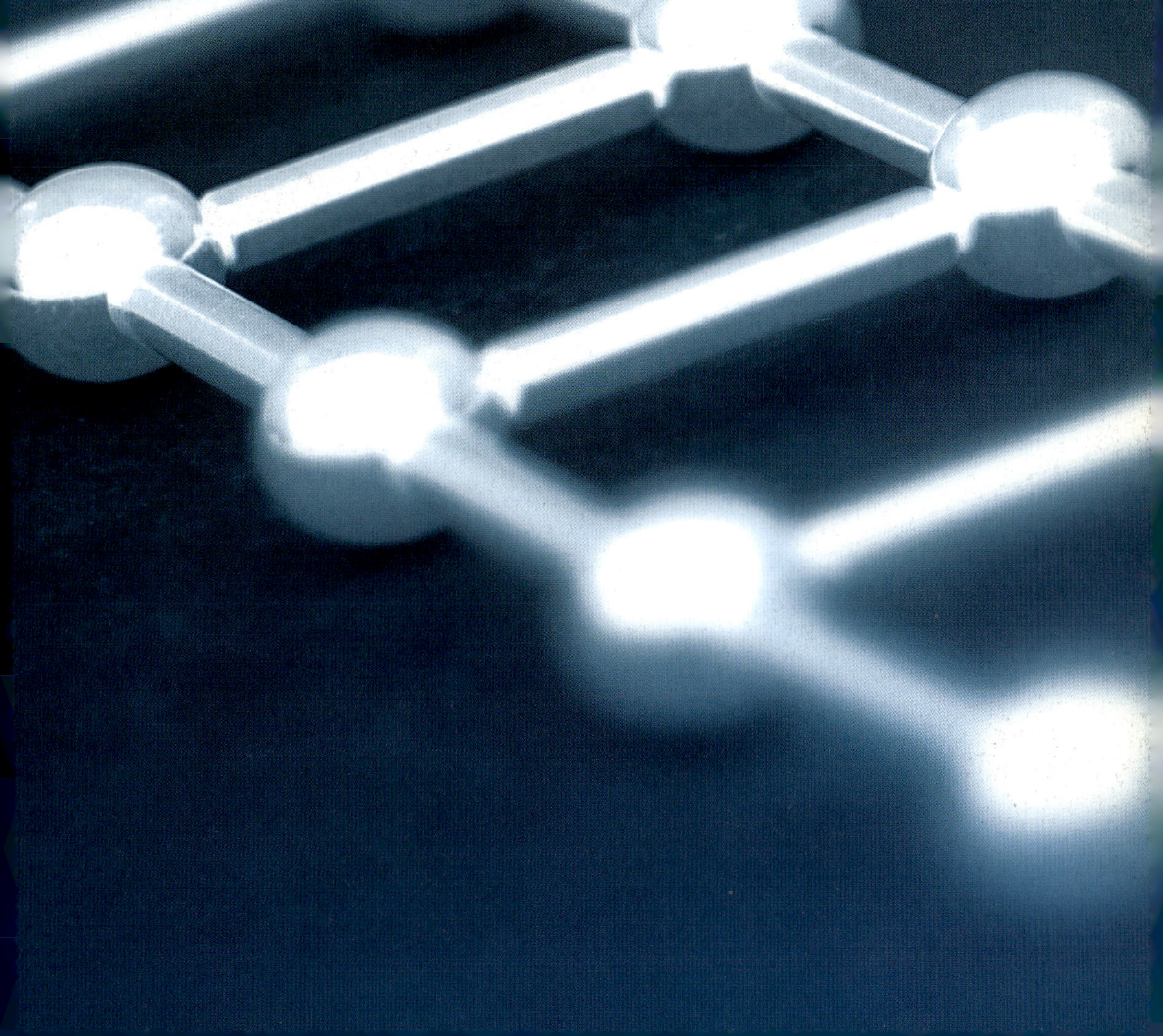

Persönliche Veränderung leicht gemacht!

Ziel dieses Kapitels: Struktur für erfolgreiche Veränderung kennen lernen Submodalitäten, Dilts Pyramide, FuturePace

Arbeit mit Submodalitäten

In diesem letzten Kapitel werden Sie einige fortgeschrittene Methoden kennen lernen, wie Sie sich selbst zu mehr Zufriedenheit und Erfolg coachen können. Sie werden viele der bereits gelernten Techniken und Modelle wiederfinden und feststellen, wie viel Sie schon gelernt haben!
Kommen wir nun zu der Technik, der Arbeit mit Submodalitäten, die an das Kapitel zu den Wahrnehmungstypen anknüpft. Dort haben wir gelernt, dass Denken der innere Gebrauch der Sinne ist und dass wir Wahrnehmungen, Erfahrungen, Informationen und Erlebnisse durch den Gebrauch unserer Sinne intern repräsentieren.

Wie wir intern repräsentieren

Im folgenden geht es nicht mehr nur darum, DASS wir intern repräsentieren, sondern v.a. darum, WIE wir intern repräsentieren!
Wenn Sie sich ein inneres Bild machen, z.B. wenn Sie an Ihren letzten Urlaub denken, dann können Sie diese innere Repräsentation mit einer Vielzahl von Details beschreiben: z.B. kann dieses Bild farbig oder schwarzweiß sein, scharf oder unscharf, groß oder klein, mittig oder oben oder unten oder rechts oder links, abgegrenzt oder unbegrenzt, nah oder fern, hell oder dunkel etc. Eine weitere Möglichkeit ist die Frage, ob Sie selbst auf dem Bild zu sehen sind oder nicht.
Oder wenn Sie das Gefühl des Verliebtseins beschreiben, z.B. kann es ein Ziehen im Bauch, mit Kribbeln, pochendem Herzen, sich zusammenziehend und fließend über den ganzen Körper sein. All diese feinen Unterscheidungen in den Repräsentationen nennen wir im NLP „Submodalitäten“.

Ihr „inneres Bild“ kann völlig unterschiedlich ausfallen.

Beispiele für visuelle, auditive und kinästhetische Submodalitäten

Visuelle Submodalitäten	Auditive Submodalitäten	kinästhetische Submodalitäten
hell – dunkel farbig – schwarz-weiß scharf – verschwommen Standbild – Film mit Rahmen – rahmenlos nah – fern groß – klein rechts – links oben – unten ...	laut – leise schnell – langsam mit Musik – ohne Musik von links – von rechts unklare Stimme – klare Stimme Höhen – Tiefen weicher Klang – harter Klang stereo – mono nah – fern ...	Position links – rechts warm – kalt stark – schwach bewegt – statisch ausbreiten – zusammenziehen fließend – still strömend pochend pulsierend ...

Wie wir repräsentieren, so fühlen wir uns

Die meisten Menschen sind sich gar nicht darüber bewusst, dass sie sich innere Bilder machen oder in einem inneren Dialog mit sich stehen.
Sie sind sich erst recht nicht bewusst, dass sie die inneren Bilder oder die innere Stimme ganz detailliert mit all den feinen Unterscheidungen beschreiben können.

Doch der interessanteste Aspekt von Submodalitäten kommt dann ins Spiel, wenn man sie verändert! Bandler und Grinder haben festgestellt, dass die Struktur der inneren Bilder oder der inneren Stimmen, also WIE sie repräsentiert werden und weniger WAS repräsentiert wird, einen entscheidenden Einfluss darauf hat, wie man die Situation, die man durch die innere Vorstellung oder den inneren Dialog repräsentiert, gefühlsmäßig empfindet.

Mit den Submodalitäten arbeiten

Machen wir ein kleines Gedankenexperiment: Denken Sie nun an Ihren letzten schönen Urlaub. Sie werden vermutlich nun ein inneres Bild oder eine Szene aus Ihrem Urlaub von Ihrem inneren Auge haben. Beschreiben Sie das Bild gemäß der Submodalitäten: Ist es nah oder fern, farbig oder schwarz-weiß etc. Verwenden Sie hierfür ruhig die Submodalitäts-Liste.
Beginnen Sie nun wie ein Bildbearbeitungstechniker mit diesem inneren Bild zu spielen, es zu verändern! Wenn das Bild nah war, dann schieben Sie es weg. Wenn das Bild farbig war, dann machen Sie es schwarz-weiß. Wenn das Bild groß war, dann machen Sie es klein usw.
Fühlen Sie bei jeder Veränderung nach, ob und was sich gefühlsmäßig tut.

Werden Sie Regisseur Ihrer internen Repräsentationen

Sie werden feststellen, dass manches keine gefühlsmäßige Veränderung bewirkt, anderes jedoch eine sehr starke. Diejenige Submodalitäten, die eine Veränderung hervorrufen, werden „kritische Submodalitäten" genannt. So können Sie durch die Arbeit an den Submodalitäten etwas, was vorher unangenehm war, gefühlsmäßig neutral oder gar angenehm machen, und etwas, was Sie schon zuvor als angenehm erlebt haben, noch steigern.

Verändern der Submodalitäten ist eine Sache der persönlichen Erfahrung, die Sie einfach immer wieder machen müssen. Experimentieren Sie doch jeden Abend vor dem Einschlafen mit Ihren Submodalitäten und machen Sie Neutrales ganz Angenehm! Sie können so Regisseur Ihrer eigenen mentalen Filmshow sein und entscheiden, wie Sie denken wollen.
Um Ihnen diesen Prozess zu verdeutlich und um Ihnen die Chancen dieser Veränderungstechnik deutlich zu machen, ist hier ein Protokoll aus einem Gespräch eines „NLPlers" mit einem guten Freund abgedruckt.

Eine Coaching-Situation sollte konzentriert aber entspannt sein.

z. B.

Protokoll: Submodalitäten ändern

Simon beschäftigt sich schon seit einigen Monaten mit NLP und hat vor einigen Wochen seine NLP-Grundausbildung erfolgreich abgeschlossen. Seitdem wird er in seinem Freundeskreis immer wieder zu den verschiedensten Themen um Rat gefragt. Neulich kam sein Freund Marco zu ihm und beklagte sich darüber, dass er in seinem neuen Job als Chemiker in einer großen Pharmafirma immer öfter Präsentationen halten muss, was ihm sehr unangenehm ist. Im folgenden wurde das „Beratungsgespräch" der beiden Freunde als Script zusammengeschrieben.
(Beide sitzen locker und entspannt zurückgelehnt in zwei sich zueinander gewandten Sesseln)
S: „Wie häufig hältst du denn jetzt in deinem neuen Job Präsentationen?"
M: „Leider mittlerweile fast jede Woche und von Woche zu Woche nimmt meine Abneigung zu! Ich überlege ernsthaft, ob ich den Job wechseln soll."
S: „Ich kann mir gut vorstellen, dass es für dich schlimm ist, jede Woche etwas zu tun, bei dem du solch eine große Abneigung verspürst!"
M: „Das Blöde ist nur, dass mir der Job an sich total Spaß macht. Nur diese Präsentationen, die verleiden mir die ganze Sache!"
S: „Das kann ich gut verstehen. Angenommen, du würdest dich beim Präsentieren total wohl fühlen, dann wäre das also die perfekte Arbeitsstelle für dich?"
M: „Ja, absolut! Das wäre wirklich die ideale Situation für mich!"
S: „Erzähl doch mal: wie ist das beim Präsentieren, was läuft da bei Dir ab?"
M: „Das fängt eigentlich schon immer zwei bis drei Tage vorher an: Wenn ich nur an die bevorstehende Präsentation denke, dann geht es mir schon richtig schlecht! Ich mach ➡➡➡

➡➡➡ mich dann drei Tage lang so verrückt, dass ich bei der Präsentation selbst dann so übel drauf bin, dass ich mich nicht konzentrieren kann, nervös bin, Fehler mache und mich einfach total unwohl fühle."

S: „Gab es auch schon mal eine Präsentation, bei der du dich gut gefühlt hast?"

M: „Ja, zweimal! Und witzigerweise waren das beide Male völlig spontane Präsentationen. Da wurde ich morgens angerufen, ich soll in zehn Minuten zu einem Meeting kommen und dort irgendwelche Ergebnisse vorstellen!"

S: „Und wie war das?"

M: „Das war total ok! Den Inhalt habe ich ja immer sehr gut drauf und es war irgendwie so, als hätte ich einfach keine Zeit gehabt, mir Sorgen zu machen. Ich war dann ganz im Thema und es hat sogar Spaß gemacht!"

S: „Das ist ja interessant! Ganz klar: Du gehörst offenbar zur seltenen Spezies der „Spontan-Präsentierer"!"

(beide lachen)

S: „Angenommen, du hast im Vorfeld der Präsentation ein gutes Gefühl und sogar Vorfreude, wie läuft dann die Präsentation selbst ab?"

(M. denkt nach und lächelt dann.)

M: „Oh – sehr gut! Dann könnte ich mich voll und ganz auf die Präsentation konzentrieren, aufmerksam sein und würde auch auf das Publikum achten, ob es alles versteht."

S: „Dann schauen wir uns also die Zeit vor der Präsentation an! Wann hast du denn deine nächste Präsentation?"

(M. beugt sich angespannt nach vorn, wird etwas bleicher und zupft sich immer wieder am Ohrläppchen)

M: „In drei Tagen."

S: „Das ist sehr gut! Jetzt denk doch mal an diese Präsentation ..."

M: „Jaja, das mach ich ja schon! Und bin gleich schlecht drauf! Übel ist das!"

S: (beugt sich leicht nach vorne) „Das ist jetzt gerade gut so. Beschreib mir mal ganz genau, was jetzt gerade bei dir innerlich abläuft. Was siehst du? Was hörst du? Redest du mit dir selbst? Was fühlst du?"

M: (schweigende Pause) „Eigentlich ist es vor allem eine Phantasieszene, in der ich das Publikum vor mir sehe, wie es lacht und kopfschüttelnd meine Ergebnisse in Frage stellt."

S: „Und was sonst siehst du und hörst du?"

M: (denkt nach) „Nichts. Und wenn ich recht überlege, dann ist es eigentlich immer dieses Bild – mit vielleicht kleinen Abweichungen. Schlimm ist das."

S: „Okay, dann machen wir jetzt mal was mit diesem Bild, in Ordnung?"

M: „Äh, ja, wenn du meinst?"

S: „Beschreib mir bitte mal das Bild, das du immer vor dir hast. Und wenn es für dich ok ist,

➡➡➡ dann würde ich gerne was mitschreiben."

M: „Ja, ist ok."

S: „Also – dieses Bild: Wie weit ist es weg? 1 oder 5 oder 10 Meter?"

M: „Es ist total nah, so ca. einen halben Meter bis Meter!"

S: (notiert mit) „Und wie groß ist es? 1 x 1 oder 5 x 5 oder 10 x 10 Meter?"

M: „Sehr groß, es nimmt den gesamten Raum ein, ich schätze mal so 7 x 7 Meter!"

S: „Ist es farbig oder schwarz-weiß?"

M: „Farbig."

S: „Scharf oder verschwommen?"

M: „Gestochen scharf!"

S: (fragt eine ganze Reihe weiterer Submodalitäten ab)

S: „Gut, jetzt wissen wir, wie das innere Bild aussieht. Sehr interessant! Ist ja fast so, als würdest du im Kino in der ersten Reihe sitzen!" (lacht)

M: (lacht auch etwas angespannt) „Ja, das stimmt! Das ist gut ausgedrückt." (M. befindet sich noch immer in etwas schlechtem Zustand: bleich, zupfend, Schweiß auf der Stirn)

S: „Gut, dann werden wir wie mit einem Bildbearbeitungsprogramm am Computer dieses innere Bild verändern. Und du sagst mir dann immer, ob sich gefühlsmäßig was verändert hat dadurch, ok?"

M: „Ja, in Ordnung!"

S: „Also, mach als erstes das ganze Bild kleiner! Und zwar so ca. 1x1 Meter."

M: (der Gesichtsausdruck entspannt sich sichtlich: etwas mehr Farbe und ein leichtes Lächeln) „Ja, das ist schon mal sehr gut!"

S: „Und nun schieb es weit weg. Mindestens 10 Meter!"

M: (nach einer kurzen Pause und lächelnd) „Ja, das ist noch besser. Ich fühl mich gar nicht mehr so beeindruckt von dem Bild!"

S: „Dann mach es jetzt mal verschwommen!"

M: (macht eine sehr lange Pause) „Nein, da tut sich eigentlich im Moment nichts, keine weitere Entspannung!"

S: „Dann mach es jetzt mal schwarz-weiß!"

M: „Ja, das macht ein bisschen was aus, aber nicht so viel wie vorhin!"

S: „So, und nun mach mal einen dicken Rahmen drum."

M: (grinst breit) „Hehe, jetzt hab ich einen hässlichen, orangen 70er-Jahre-Rahmen drum herum gemacht! Das tut auch richtig gut!"

(die beiden gehen noch eine Reihe weiterer Submodalitäten durch. M. sieht wieder deutlich entspannt und locker aus, sitzt wieder zurückgelehnt im Sessel)

S: „Und wie geht es dir jetzt?"

M: (grinst) „Sehr gut. Erstaunlich!" ➡➡➡

S: „Das ist schön! Jetzt denk doch noch mal an die Präsentation in drei Tagen!"
M: (lacht) „Ja, gerne. Na und? Berührt mich nicht sehr. Ist ok!"
S: „Super! Und du weißt ja jetzt, wie du das Bild verändern kannst! Falls es also wieder wachsen sollte, mach es schnell klein und entfernt, ok?"
M: „Ok, das mach ich! Vielen Dank!"
Drei Tage später ruft Marco Simon abends an und berichtet von der Präsentation: „Es war echt gut! Ich war entspannt, locker und ich hab mich richtig wohl dabei gefühlt."

Einsatzmöglichkeiten der Arbeit mit Submodalitäten

Dies ist ein gutes Beispiel, wie ein NLPler mit der Krisensituation eines Freundes oder Bekannten umgeht. Selbstverständlich kann dieser Prozess auch als interner Selbst-Coaching-Prozess durchgeführt werden!
Übrigens: Als mittlerweile schon sehr kundiger NLP-Spezialist werden Sie auch einige andere Modelle und Techniken wie z.B. Rapport, Metamodell oder das Milton-Modell entdeckt haben!
Die Arbeit mit Submodalitäten eignet sich besonders gut bei:

- Ängsten
- Bei unangenehmen Erinnerungen
- Wenn man sich etwas besonders schön repräsentieren möchte.

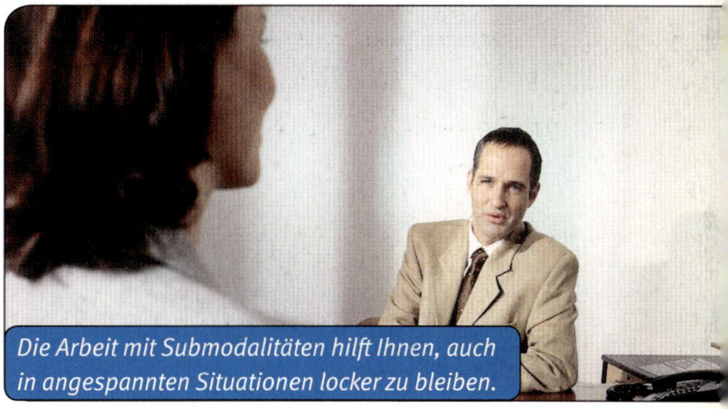

Die Arbeit mit Submodalitäten hilft Ihnen, auch in angespannten Situationen locker zu bleiben.

Ein positiver Ausblick

- Überlegen Sie sich als erstes eine Situation, die Sie als besonders angenehm und schön empfinden. Machen Sie sich das Bild oder den Film oder das Geräusch oder das Gefühl absolut deutlich. Registrieren Sie alle Submodalitäten und merken Sie sie sich oder schreiben Sie sie auf.
- Überlegen Sie nun eine Situation, in die Sie in naher Zukunft kommen werden, und die Ihnen unangenehm ist. Vergegenwärtigen Sie sich die Situation. Registrieren Sie die Submodalitäten und schreiben Sie sie gegebenenfalls auf.
- Vergleichen Sie die Submodalitäten der angenehmen Situation mit denen der unangenehmen Situation. Wo liegen die Unterschiede?
- Verändern Sie nun die Submodalitäten der Repräsentation der unangenehmen Situation, indem Sie sie denen der angenehmen Situation angleichen. Sie werden merken, dass sich auch Ihre Einstellung und Ihr Gefühl dazu verändern wird.

Die Veränderungsebenen

Ausgehend von einem sehr nützlichen und zugleich einfachen Modell, welches Robert Dilts – einer der amerikanischen NLPler der ersten Stunde – entwickelt hat, haben wir dieses Konzept etwas mehr differenziert. Wir verwenden es als „Veränderungsebenen“, anhand dessen eine Situation, ein Problem oder eine Erfahrung strukturiert, beschrieben, analysiert und ganzheitlich verändert werden kann.

Was sind die Veränderungsebenen?

Die Veränderungsebenen beschreiben Erfahrungen, Probleme oder Situationen auf sieben verschiedenen Ebenen:

Umwelt – Physiologie – Verhalten – Fähigkeiten – Beliefs – Werte – Identität.

Oftmals werden die Kategorien der Veränderungs-Pyramide fälschlicherweise als die logischen Ebenen des NLP bezeichnet. Eine Logik ist jedoch nicht vorhanden, da jede Ebene für sich steht und sich nicht als Schlussfolgerung aus der darunter liegenden Ebene ergibt. Dilts hat den Namen selbst fallen gelassen und bezeichnet sie nun als die „neurologischen Ebenen des NLP“.

Die Bezeichnung des Modells als „Veränderungsebenen“ ist am neutralsten und auf jeden Fall richtig. Und unabhängig von den verschiedenen Interpretationen um dieses Modell ist sein Beitrag als Strukturierung oder als Rahmenwerk für die vielen unterschiedlichen NLP-Techniken sehr wertvoll und in diesem Sinne wollen wir es behandeln.

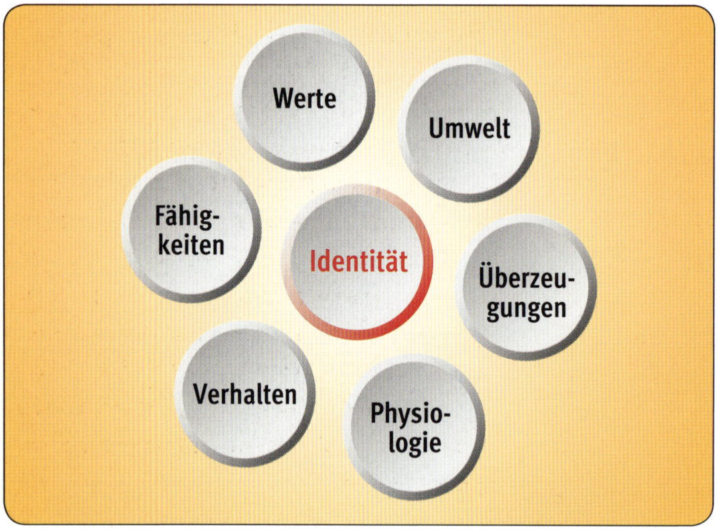

Was die Ebenen im Einzelnen aussagen

Wir wollen die sieben Ebenen anhand des Beispiels von Toni, einem jungen Sport-Mental-Trainer, der sich intensiv und erfolgreich auf ein Seminar vorbereitet, betrachten.

Umwelt:
Das ist alles, worauf wir aus unserer Umwelt reagieren oder was die Situation bzw. das Problem beeinflusst.

z. B. Toni prüft als erstes nach im Tagungshotel den Seminarraum: Sind genügend Stühle vorhanden, sind sie richtig aufgestellt? Sind alle notwendigen Materialien vorhanden: Flipchart, Stifte, usw.?

Physiologie:
Dazu zählt alles, was die körperliche Dimension des Problems oder der Situation betrifft, z.B. Sinnesschärfe, Aufmerksamkeit oder Körperspannung.

z. B. Kurz bevor die Teilnehmer den Seminarraum betreten, versetzt sich Toni in einen guten, ressourcereichen, aufmerksamen und nach außen gerichteten Power-Zustand.

Verhalten:
Das sind alle Verhaltensweisen, Handlungen und Tätigkeiten, die in Bezug auf das Problem oder die Situation relevant sind.

z. B. Toni geht gleich am Anfang auf die Teilnehmer zu, ist freundlich und humorvoll. Er spricht klar, deutlich und moduliert. Er wendet wie geplant seinen gut durchdachten Trainerleitfaden an.

Fähigkeiten/Strategien:
Damit sind die hinter den Verhaltensweisen stehenden Strategien, die im Kopf ablaufen, gemeint.

z. B. Toni hat eine Strategie entwickelt, die ihm hilft, die Trainingsinhalte im Gedächtnis zu behalten, und zwar in der richtigen Reihenfolge. Er visualisiert das Tagesseminar wie ein Haus und jedes Thema ist ein Stockwerk. In jedem Stockwerk gibt es ein Start-Zimmer, danach gelangt man ins nächste Zimmer usw. Jedes Zimmer sieht anders aus und heißt anders. Jedes Zimmer repräsentiert einen Themenunterpunkt. Manchmal stehen auch noch Möbel in dem Zimmer, die wiederum mit Stichworten verbunden sind. Diese Strategie hilft Toni, den geplanten Ablauf in der richtigen Reihenfolge und ohne etwas zu vergessen, zu gewährleisten.

Überzeugungen:
Das sind alle Regeln, Überzeugungen und Einstellungen, die im Zusammenhang des Problems oder der gegebenen Situation von Bedeutung sind.

z. B. Toni ist absolut überzeugt davon, dass er ein guter Trainer ist und dass die komplette Aufbereitung seines Seminars gut ist. Er glaubt voll und ganz an sich und seine Themen.

Werte:
Diese Ebene beinhaltet die Werte, die für die Situation bzw. das Problem wichtig sind.

z. B. Toni ist es sehr wichtig, dass die Teilnehmer viel lernen und die neu erworbenen Erkenntnisse in ihren Alltag kompetent anwenden können. Ihm ist aber auch wichtig, dass die Teilnehmer viel Spaß bei dem Training haben und sich untereinander gut verstehen.

Identität:
Das ist das grundsätzliche Selbstbild, das man von sich im Kontext eines Problems oder einer Situation hat. Sie bezeichnet eine Rolle, manchmal auch als Lebensaufgabe oder als Mission. Und sie drückt sich oft als eine komplexe Äquivalenz aus, wenn man sagt „Ich bin …"

z. B. Toni ist mit Leib und Seele Trainer. Es ist sein Traumberuf und schon früh sah er es als seine große Aufgabe an, andere Menschen zu begeistern und ihnen Fertigkeiten beizubringen, die sie in Beruf oder Alltag weiterbringen.

Wie die Veränderungsebenen im Coaching eingesetzt wird

Das hier verwendete Beispiel von Toni zeigt, wie auf allen Ebenen etwas dafür getan werden kann, um eine rundum erfolgreiche Arbeit zu leisten. Die Dilts-Ebenen ist aber auch sehr hilfreich, wenn es darum geht, ein Problem zu analysieren und den entscheidenden Punkt zu finden, an den die NLP-Intervention am wirkungsvollsten ansetzen kann.

z. B. **Drei diffuse Problemsituationen**

- Fall 1 - Bruno vertreibt Inneneinrichtungen für Flugzeuge

Bruno ist Key Account Manager. Vor drei Monaten übernahm er einen neuen Geschäftsbereich und somit auch einen neuen Kunden. Er vertreibt nun die Innenausstattung von Flugzeugen, während er vorher die Elektronik für Autos der Luxusklasse verkauft hat. Bruno merkt, dass er in seinem neuen Bereich nicht annähernd so erfolgreich ist wie bei seiner früheren Tätigkeit.

- Fall 2 - die Lehrerin Simone an der neuen Schule

Simone ist Lehrerin, und das mit Herz und Seele. Seit ihrem Umzug von der beschaulichen Kleinstadt in die Großstadt unterrichtete sie an einer anderen Schule. Die Klassen sind jetzt größer, die Schule ist für doppelt so viele Schüler da und die Klassen sind sehr multikulturell zusammengesetzt. Simone geht mit bangen Gefühlen in die neue Schule und ist schon nach wenigen Wochen überfordert.

• Fall 3 - die Museumsführerin Josefine
Josefine ist Archäologin und hat sich auf griechische Ausgrabungsstätten spezialisiert. Da die Tätigkeiten bei Ausgrabungen nur sporadisch stattfinden, verdient sie sich seit einiger Zeit ihr Geld mit Führungen durch Museen. Obwohl ihr diese Arbeit Spaß macht, merkt sie, dass sie die Besucher nicht richtig begeistern kann, dass der Funke einfach nicht überspringt.
Gehen wir von Ebene zu Ebene die Situationen durch und finden gemeinsam heraus, auf welchen Ebenen Veränderungsarbeit geleistet werden muss:

Beispiel und Fragen

Ebene	**Fall 1 – Bruno vertreibt Inneneinrichtungen für Flugzeuge**	**Fall 2 – die Lehrerin Simone an der neuen Schule**	**Fall 3 – die Museumsführerin Josefine**
Umwelt	Bruno fühlt sich in seiner neuen Umgebung sehr wohl: das neue Büro, und die neuen Kollegen gefallen Bruno sehr.	Die neue Umgebung ist eine Herausforderung für Simone: die große Schule, die größeren und multikulturellen Klassen.	Das Museum ist ein Ort, an dem sich die Führerin Josefine ausgesprochen wohl fühlt, sie genießt den Aufenthalt in diesen Gemäuern sehr.
Physiologie	Bruno ist jeden Morgen wach, aufmerksam, positiv angespannt – einfach in guter leistungsfähiger Verfassung.	Simone schläft gut, ist jeden Tag frisch, ausgeschlafen und voller Energie.	Vor jeder Führung spürt Josefine ein Kribbeln im Bauch, das ihr zeigt, dass sie aufmerksam, freudig und energiegeladen ist.
Verhalten	Bruno ist ein routinierter Manager, der einen sehr einnehmenden und professionellen Umgang mit den Kunden und mit den Kollegen hat. Alles, was er tut, hat Hand und Fuß.	Simones Art zu unterrichten kommt gut an und sie ist beliebt bei den Schülern und beim Lehrerkollegium.	Josefine hat zwar die Inhalte sehr gut im Kopf, aber sie wirft sie oft durcheinander, spricht zu schnell und hinterlässt oft ein verwirrtes Publikum.
Fähigkeiten	Bruno kann auf sehr günstige Strategien bezüglich Kundenkontakt und Kollegenumgang zurückgreifen.	Simone hat sehr gute Strategien für die Didaktik und den Umgang auch mit schwierigen Schülern, die ihr auch in turbulenten Situationen sehr hilft.	Josefine hat eigentlich gar keine Strategien im Kopf, wenn sie die Führungen durchs Museum macht.
Beliefs	Bruno ist überzeugt davon, dass er auch diesen Aufgabenbereich gut leisten kann.	Simone ist der Überzeugung, dass es unmöglich ist, einen guten Unterricht mit so vielen Kindern zu machen, zumal viele Kinder eine individuelle Förderung benötigen würden.	Josefine glaubt fest daran: Sie hat viel Interessantes zu erzählen und könnte auch die Museumsbesucher sehr begeistern, wenn sie nur ihr inneres Chaos etwas in den Griff kriegen könnte. ➡➡➡

Ebene	**Fall 1 – Bruno vertreibt Inneneinrichtungen für Flugzeuge**	**Fall 2 – die Lehrerin Simone an der neuen Schule**	**Fall 3 – die Museumsführerin Josefine**
Werte	Je länger Bruno darüber nachdenkt, umso klarer wird ihm: eigentlich ist es ihm völlig unwichtig, ob diese Inneneinrichtungen verkauft werden oder nicht.	Simone ist es sehr wichtig, dass sie einen guten Unterricht macht und für ihre Schüler da ist – gerade auch für schwierige Schüler.	Josefine ist ihre Arbeit sehr viel Wert – ihr ist es sehr wichtig, dass die Besucher Spaß haben und viel Neues lernen.
Identität	Bruno ist zwar mit Leib und Seele Verkäufer und Manager, aber er ist es vor allem für den Autobereich – dort hängt seit seiner frühesten Kindheit sein Herz.	Simone hat ihre Mission im Lehrerberuf gefunden. Sie würde diesen Beruf gegen keinen anderen eintauschen.	Josefine liebt ihre Arbeit, auch ihre Tätigkeit als Museumsführerin. Sie ist eine ideale Ergänzung zur Archäologie.

Wie die Fälle gelöst werden können

Diese drei Beispiele zeigen, dass mit Hilfe der Dilts-Pyramide zunächst diffuse Problemsituationen gut analysiert und die entscheidenden Lösungspunkte gefunden werden können.

Fall 1 – Bruno vertreibt Inneneinrichtungen für Flugzeuge

Bei Bruno liegt der Knackpunkt auf der Werte- und Identitätsebene. Ihm ist vor allem das Thema Auto wichtig; er möchte alles, was mit Autos zu tun hat, verkaufen, das ist seine Leidenschaft. Und genau diese Leidenschaft macht ihn zu einem so guten Verkäufer und Berater. Sie lässt den Funken überspringen und macht das gewisse Etwas aus! Alles andere ist Professionalität und macht seine Leistung durchschnittlich.

Was er braucht, ist das Thema Auto. Wenn er nicht in diese Abteilung zurückwechseln kann, dann muss er versuchen, die gleiche Begeisterung für die Flugzeuge bei sich zu wecken, die er für Autos hat.

Fall 2 – die Lehrerin Simone an der neuen Schule

Simone hat ein großes Problem: Sie hat einen beschränkenden Belief, der verhindert, dass sie eine gute Lösung findet, mit den neuen Herausforderungen an der neuen Schule fertig zu werden. Er sorgt dafür, dass Simone weder kreativ noch flexibel sein kann. Hätte sie eine andere Einstellung, dann könnte sie Möglichkeiten finden, um auch mit großen Klassen gut umgehen zu können – denn die Fähigkeiten und alles andere Rüstzeug hat sie!

Simone sollte den ungünstigen Belief ablegen, der sie darin beschränkt, ihre Arbeit gut und gerne zu machen – auch an einer großen Schule mit großen Klassen.

Fall 3 – die Museumsführerin Josefine

Josefine braucht nur eines: Jemanden, der ihr zeigt, wie sie eine Führung spannend aufbaut, wie sie die Inhalte, die sie alle gut drauf hat, gut rüberbringt, einen roten Faden behält und ihre Kompetenzen klar vermittelt.

Josefine sollte auf der Verhaltensebene ansetzen und ihre Fähigkeiten auf der Vermittlungskompetenz ausbauen. Die Installation von günstigen, hilfreichen Strategien unterstützen sie darin.

➤ *Betrachten Sie Projekte, Themen, Probleme oder Vorhaben auf jeder der Ebenen der Dilts-Pyramide. Sie werden sehen, dass Sie sehr wichtige Informationen und Erkenntnisse erzielen werden!*

Übung: Problemlösung

- Suchen Sie sich ein Problem, das Sie schon länger beschäftigt und für das Sie bis jetzt noch keine richtige Lösung gefunden haben.
- Beschreiben Sie das Problem zunächst kurz.
- Betrachten Sie das Problem nun auf jeder der sieben Ebenen der Veränderungs-Ebenen. Analysieren Sie zum Schluss, auf welcher oder welchen Ebene/n Sie ansetzen müssen.
- Machen Sie sich dann sofort daran, etwas für die Lösung des Problems zu tun!

Mit dieser Übung beenden Sie das NLP-Trainingsprogramm. Sie haben eine Menge über NLP und seine Philosophie gelernt. Sie haben eine ganze Schatztruhe mit wirksamen Techniken und Methoden angefüllt, die Sie sofort im Alltag, in der Freizeit und im Beruf anwenden können.

Und mit einem kleinen Witz zum Schluss möchten wir Sie zu genau dieser Umsetzung und Anwendung ermuntern (siehe unten).

Wie lernt man NLP am besten?

Ein junger Mann vom Lande hat Karten für die berühmte Carnegie Hall geschenkt bekommen. Er zieht seinen besten Anzug an und als der Zug im Bahnhof von New York ankam, blickt er sich verwirrt um. Auf den Tickets steht die genaue Adresse nicht. Dabei ist der junge Mann schon sehr in Eile, denn seine Freundin wartet bereits am Eingang des Konzertsaals auf ihn. Also fragt er einen Mann: „Können Sie mir sagen, wie ich in die Carnegie Hall komme?" Er zuckt nur mit den Schultern. Nachdem er noch zwei andere Passanten vergeblich angesprochen hat, entdeckt er einen alten, weißhaarigen Herrn im Smoking, der einen Geigenkasten unterm Arm trägt. Erfreut eilt der junge Mann auf ihn zu und fragt: „Können Sie mir sagen, wie ich in die Carnegie Hall komme?" Der alte Herr mustert ihn von oben bis unten und antwortet: „Üben – üben – üben!".

NLP weitet Ihren Horizont.

Hinweis

Die Ratschläge/Informationen in diesem Buch sind von Autoren und Verlag sorgfältig erwogen und geprüft, dennoch kann eine Garantie nicht übernommen werden. Eine Haftung der Autoren bzw. des Verlags und seiner Beauftragten für Personen-, Sach- und Vermögensschäden ist ausgeschlossen.

Bildnachweis

Alle Bilder stammen von Christian Weiß, München, mit Ausnahme von: Avanta, The Virginia Satir Network, Burien, Washington, USA: 152; Corbis Stockmarket, Düsseldorf: 10 (Peter Dench), 21 (Noam Chomsky), 47 (Mango Productions), 74 li. (Zefa/S. Hammid), 111 (Helen King); Gettyimages, München: 17 li. (Brown W Cannon III), 17 re. (Iconica/Simon Wilkinson), 22 (Stone/Mel Yates), 32, 43 (Altrendo Images), 54 (Johner Images), 74 mi. (Image Bank/Steve Cole), 99 (Stock 4B/Stephan Hoeck), 129 (Chad Johnston), 133 (Taxi/Mike Powell), 171 (Iconica/Philip & Karen Smith); Huber, Garmisch-Partenkirchen: 80; Jump, Hamburg: 74 re. (K. Vey), 118 (Andy), 149 (M. Sandkühler); Mauritius-Bildagentur, Mittenwald: 12 (Jo Kirchherr), 48 (age fotostock), 97, 127 (Upper Cut), 165 (Stock Image); Nerger Tanja, München: 77; Peter Burkhard Dr., Dipl. Psych., München: 117; Picture Alliance, Frankfurt: 135 (dpa); Royalty Free: 104 (Gettyimages), 82; Südwest Verlag, München: 137 (Frank Heuer); Waldhäusl, Rosenau/Österreich: 91 (F. Pritz)

Projektleitung: Dr. Harald Kämmerer, Sonia Naumann
Redaktion: Marion Onodi, München
Layout: Christian M. Weiß, München; DEVOLUTION grafik design, Jürgen Kiermeier, München
Gesamtproducing, Grafiken: DEVOLUTION grafik design, Jürgen Kiermeier, München
Bildredaktion: Tanja Nerger
Umschlaggestaltung und Konzeption: R.M.E Eschlbeck / Kreuzer / Botzenhardt
Druck und Verarbeitung: Alcione, Lavis

Printed in Italy
Gedruckt auf chlor- und säurearmem Papier

ISBN-10: 3-517-08218-X
ISBN-13: 978-3-517-08218-9

9817 2635 4453 6271